Herbert Schmid
Mose
Überlieferung und Geschichte

Herbert Schmid

Mose

Überlieferung und Geschichte

Verlag Alfred Töpelmann

Berlin 1968

Beihefte zur Zeitschrift für die alttestamentliche Wissenschaft

Herausgegeben von Georg Fohrer

110

Vorwort

Diese Arbeit wurde im Wintersemester 1967/68 von der Evangelisch-Theologischen Fakultät der Johannes Gutenberg-Universität Mainz als Habilitationsschrift angenommen.
Ich danke Herrn Prof. D. Dr. Georg Fohrer und dem Verlag für ihre Aufnahme in die Reihe der Beihefte für die alttestamentliche Wissenschaft.

Kaiserslautern, im Juli 1968   H. S.

Inhalt

Einführung

1. DER STAND DER FORSCHUNG[1]

Überblickt man die Ergebnisse der alttestamentlichen Forschung, die sich mit Mose befaßt und dabei M. Noths Werk »Überlieferungsgeschichte des Pentateuch« (1948)[2] berücksichtigt[3], so fällt auf, daß in bezug auf die Erfaßbarkeit des Wirkens Moses eine rückläufige Tendenz eingesetzt hat[4]. Diese Reaktion ist nicht verwunderlich, erkannte doch M. Noth nur in der Mosegrabtradition (Dtn 34 6a) »das Urgestein eines nicht mehr ableitbaren geschichtlichen Sachverhaltes«[5]. Es braucht hier nicht im einzelnen ausgeführt zu werden, daß nach M. Noth Mose, über dessen Wirksamkeit nichts mehr bekannt gewesen wäre, in das »Thema« »Hineinführung in das Kulturland« eingedrungen sei, »weil seine Grabstätte am Wege der landnehmenden Israeliten lag«[6]. Als »die große Klammer« hätte dann seine Person Eingang in die »Themen« »Herausführung aus

---

[1] Siehe meinen Aufsatz: Der Stand der Moseforschung, Judaica 21 (1965), 194–221.

[2] Abgekürzt: M. Noth, ÜPent. Inzwischen sind eine zweite und dritte unveränderte Auflage (o. J.) erschienen. Vgl. R. Smend, Überlieferungsgeschichtliche Forschung, VF 1960/62 (1963–1965), 35 ff. Zur Kritik an ÜPent. siehe G. v. Rad, Literarkritische und überlieferungsgeschichtliche Forschung am Alten Testament, VF 1947/48 (1950), 172–194; R. Smend, Das Mosebild von Heinrich Ewald bis Martin Noth, 1959; Eva Osswald, Das Bild des Mose, o. J. (1962), 254 ff. C. A. Keller, Von Stand und Aufgabe der Moseforschung, ThZ 13 (1957), 430–441, setzt sich zudem mit den in der nächsten Anm. aufgeführten Arbeiten von H. H. Rowley, E. Auerbach und M. Buber auseinander.

[3] Die Monographien von C. A. Simpson, The Early Traditions of Israel. A Critical Analysis of the Pre-Deuteronomic Narrative of the Hexateuch, 1948 (kritisch gewürdigt von O. Eissfeldt, Die ältesten Traditionen Israels. Ein kritischer Bericht über C. A. Simpsons The Early Traditions of Israel, 1950), von F. V. Winnett, The Mosaic Tradition, 1949, von H. H. Rowley, From Joseph to Joshua, 1950, von E. Auerbach, Moses, 1953 (kritisch gewürdigt von O. Eissfeldt, Mose, OLZ 48 [1953], 490–505 = Kleine Schriften III, 1966, 240–255) und von M. Buber, Mose, 1952², beziehen sich nicht oder nur wenig auf M. Noth, ÜPent. Nur H. H. Rowley zitiert die übrigen einschlägigen Arbeiten M. Noths.

[4] Diese ist sogar bei K. Koch, Der Tod des Religionsstifters, KuD 8 (1962), 100–123, zu spüren, wenn er es entgegen M. Noth, ÜPent., 186 ff., für möglich hält, »daß Mose aus der Isolierung in die Grabtradition zurückkehrt.« Heftige Kritik an diesem Aufsatz übte F. Baumgärtel, Der Tod des Religionsstifters, KuD 9 (1963), 223–233.

[5] A. a. O. 190.   [6] A. a. O. 190.

Ägypten«[7], »Führung in der Wüste«[8], »Offenbarung am Sinai«[9] und in eine Reihe von »Auffüllungen«[10] gefunden, um dieselben zusammenzuschließen[11]. Bemerkenswert ist, daß M. Noth selbst von der rückläufigen Tendenz nicht ganz unberührt blieb, worauf am Ende dieses Überblicks zurückzukommen ist[12]. Zunächst sollen die wichtigsten Ergebnisse wissenschaftlichen Bemühens um Mose in chronologischer Reihenfolge referiert werden. Auffallend ist, daß die Nothschen Thesen lange Zeit hindurch keine Gegenthesen hervorriefen.

H. Dreyer[13] ist der Ansicht, daß im Kult am Sinaiheiligtum die Überlieferung vom Auszug und von den Sinaiereignissen, die ein und dieselbe Gruppe erlebte, besonders gepflegt wurde[14]. Zu dieser heiligen Stätte hätte das in Ägypten weilende Haus Joseph Beziehungen gehabt, weswegen Mose aus Ägypten nach Midian geflohen sei[15]. Die Traditionen des Hauses Joseph wären dann im amphiktyonischen Kult zu Sichem weiterentwickelt worden[16].

F. Schnutenhaus[17] legte im Gegensatz zu M. Noth dar, daß die Ankündigung des Auszugs aus Ägypten als historischer Einsatzpunkt der Entwicklung der Mosetraditionen anzusehen sei.

Eva Osswald, die die wissenschaftsgeschichtliche Monographie »Das Bild des Mose« (o. J.) verfaßt und die einschlägigen Arbeiten Noths einer scharfen Kritik unterzogen hat[18], schrieb für die dritte Auflage der RGG den Artikel »Moses«[19]. Sie rekonstruierte folgenden Geschichtsablauf[20]: In Ägypten wurde vermutlich das Haus Joseph unterdrückt. Zusammen mit nicht-israelitischen Elementen gelang ihm die Flucht in die Wüste (Ex 14 5a). »Wahrscheinlich hat Moses bei diesen Vorgängen eine entscheidende Rolle gespielt. Sollte er nicht primär mit dem Auszug verbunden gewesen sein, so erklärt sich sein Eindringen in diese Überlieferung am besten durch die Annahme, daß er in Kadesch für die betreffende Gruppe zum Deuter dieser Ereignisse wurde.« Dort, wo Mose als charismatischer Führer gewirkt habe, wäre für eine Reihe von Stämmen,

---

[7] A. a. O. 50 ff.	[8] A. a. O. 62 f.	[9] A. a. O. 63 ff.

[10] A. a. O. 67 ff.	[11] A. a. O. 177.	[12] Siehe unten 12 f.

[13] Tradition und heilige Stätte. Zur Geschichte der Traditionen in Israels Frühzeit, Diss. Kiel 1952; siehe ThLZ 78 (1953), 692.

[14] A. a. O. 44 f. 57; auch A. S. van der Woude, Uittocht en Sinaï, o. J. (1961), wendet sich gegen die Trennung von Exodus- und Sinaiüberlieferung.

[15] A. a. O. 28 ff.

[16] A. a. O. 127 ff.

[17] Die Entstehung der Mosetraditionen, Diss. Heidelberg 1958; siehe ThLZ 85 (1960), 939. Vgl. zur Sinaitheophanie ders., Das Kommen und Erscheinen Gottes im Alten Testament, ZAW 76 (1964), 1–22, besonders 12 ff.

[18] A. a. O. 254 ff.

[19] Band 4, 1960, 1151–1155.

[20] Siehe zum folgenden a. a. O. 1154.

wie Levi, die Keniter, Kaleb und Joseph, ein amphiktyonisches Zentrum gewesen. Die Beziehungen Moses zu den Midianitern seien unerfindlich; der Gottesberg Sinai/Horeb sei wahrscheinlich ein gemeinsames Wallfahrtsheiligtum. Mose könne nicht aus der Sinaiüberlieferung, die auf Grund einer echten Wallfahrtstradition in die Kadeschsagen eingeschaltet worden sei, eliminiert werden, »da seine Legitimation eng mit dem Sinai verknüpft ist. In die Erzählungen vom Zug ins Ostjordanland gehört er, von der Grabtradition abgesehen, ursprünglich sicher nicht hinein ...« Im übrigen dürfte die »Verpflichtung zur alleinigen Verehrung Jahwes ... auf Moses zurückgehen. Auch die Tradition von Moses als Gesetzgeber knüpft sicher an einen historischen Sachverhalt an.« Nach E. Osswald war demnach Mose vermutlich an der Flucht aus Ägypten beteiligt; er wirkte in Kadesch, dazwischen am Sinai/Horeb und starb im südlichen Ostjordanland[21].

Bemerkenswert ist, daß in den Monographien der folgenden Jahre, die sich mit M. Noth, ÜPent auseinandersetzten, die Wirksamkeit Moses am Sinai und/oder Horeb, in Kadesch und in Ägypten angenommen wird[22]. Die ostjordanischen Überlieferungen wurden, abgesehen von Kommentaren[23], vor allem von A. H. van Zyl[24] untersucht, für den allerdings die Moseereignisse im Lande Moab im großen und ganzen kein überlieferungsgeschichtliches Problem darzustellen scheinen.

 W. Beyerlin[25] hat die Sinaiperikope traditions- und literarkritisch analysiert und die Quellenschichten J und E traditionsgeschichtlich untersucht. Die Ergebnisse faßte er in die Traditionsbildungen in der Wüstenzeit, zwischen Landnahme und Staatenbildung, und in der Königszeit zusammen. W. Beyerlin übernimmt die Nothsche These vom sakralen Zwölfstämmebund[26], ist jedoch nicht der Ansicht, daß der Kult allein die Sinaierzählung angeregt habe; ihre Wurzeln seien vielmehr histo-

---

21 Ähnlich H. Cazelles und A. Gelin in: Moïse, l'homme de l'Alliance, 1955; deutsche Ausgabe F. Stier – E. Beck (hrsg.), Moses in Schrift und Überlieferung, 1963. Vgl. H. Cazelles, Moïse, Dictionnaire de la Bible, Suppl. 1957; A. Gelin, Moses im Alten Testament, Bibel und Leben 3 (1962), 97–110.

22 R. Rendtorff, Erwägungen zur Frühgeschichte des Prophetentums in Israel, ZThK 59 (1962), 167 Anm. 2, vertritt im Gegensatz dazu die Ansicht, daß es unmöglich sei, Schlüsse auf die historische Person Moses zu ziehen.

23 H. Drubbel, Numeri, 1963; G. v. Rad, Das fünfte Buch Mose. Deuteronomium, 1964; M. Noth, Das vierte Buch Mose. Numeri, 1966.

24 The Moabites, 1960, 113 ff. Siehe auch K.-H. Bernhardt, Gott und Bild, 1956, 129 Anm. 3; R. Smend, Jahwekrieg und Stämmebund, 1963, 88 f. H. Seebass, Der Erzvater Israel, 1966, 73 ff., führt aus, daß es in der nur von Dtr und P bezeugten Mosegrabtradition nicht so sehr um den Ort des Grabes als vielmehr um die Aussage ging, daß Mose nicht mehr das verheißene Land betreten durfte (76).

25 Herkunft und Geschichte der ältesten Sinaitraditionen, 1961.

26 Das System der zwölf Stämme Israels, 1930.

rische Ereignisse[27]. »So ist die Entstehung des Dekalogs an einem Ort
anzunehmen, an dem mit der Anwesenheit derer gerechnet werden kann,
die den Exodus *und* die Gottesbegegnung am Sinai erlebt hatten. In der
Wüstenzeit kommt hierfür am ehesten Kadesch in Betracht, wohin sich
nach Ri. 11 16 f.; Ex. 15–18 die aus Ägypten entflohenen Gruppen des
nachmaligen Israel wandten[28].« Der Dekalog sei in der Jahwelade de-
poniert worden (Dtn 10 1-5)[29]. W. Beyerlin nimmt eine Wallfahrt von
Kadesch nach dem auf der Sinaihalbinsel gelegenen Sinai/Horeb an, wo
später eine nabatäische heilige Stätte war[30]. In Kadesch sei das noma-
dische Zelt der Begegnung (Ex 33 7-11) die Stätte der Gotteserscheinung
gewesen[31]. Da die Lade im Zelt der Begegnung untergebracht worden
sei, sei jene in Beziehung zur Kulttheophanie getreten[32]. Die Überlieferung vom Sinaibundesschluß mit Gesetzesverkündigung (Ex 24 3. 7
19 7) gehe in die Mosezeit zurück. Dieser Kultbrauch »ist nicht denkbar
ohne die Gestalt eines *Bundesmittlers:* Wie der Vortrag des Bundesge-
setzes von einer in Jahwes Namen und Auftrag sprechenden Person be-
sorgt wurde, so kann der Sinaibund insgesamt nur durch die Vermittlung
einer bestimmten Persönlichkeit zustande gekommen sein, die Jahwes
Offenbarung am Sinai und im Geschehen des Exodus der Gemeinde zu
deuten und in ihrem verpflichtenden Charakter nahezubringen verstand[33].« W. Beyerlin wendet sich direkt gegen M. Noth, wenn er ausführt: »Da all diese Überlegungen die Annahme eines Bundesmittlers er-
fordern und die jahwistisch-elohistische Sinaitradition nicht nur in
Ex 34 27, sondern allenthalben diese Rolle dem Mose zuschreibt, wird an
der Richtigkeit dieser Darstellung nicht zu zweifeln sein, zumal in keinem
Fall der Beweis zu erbringen ist, daß der alte Überlieferungsbestand noch
nicht von Mose gesprochen habe[34].« Die Traditionsbildungen in der Zeit
nach der Landnahme und nach der Staatenbildung brauchen hier nicht
referiert zu werden. Angefügt sei lediglich, daß vor allem im Jerusalemer
Kult der Königszeit »die Tradition in Ex 19 9. 16. 18 20 18. 21 34 5, derzufolge
die Urtheophanie auf dem Sinai von einer Rauchwolke verhüllt war, auch
noch im salomonischen Heiligtum mit der entsprechenden Kultpraxis

---

[27] W. Beyerlin, a. a. O. 188 ff. Zur Kritik siehe R. Knieriem, Das erste Gebot, ZAW
77 (1965), 21 f.
[28] A. a. O. 165 f.   [29] A. a. O. 168.   [30] A. a. O. 166.
[31] A. a. O. 167.   [32] A. a. O. 169.   [33] A. a. O. 169 f.
[34] A. a. O. 170. Vgl. Anm. 1 daselbst: »Gegen M. Noth, Überlieferungsgeschichte des
Pentateuch, 172 ff. Die Grundvoraussetzung, von der aus Noth zu dem Urteil
kommt, die Mosegestalt sei erst nachträglich mit der Sinaitradition in Verbindung
gebracht worden, die Annahme ursprünglich voneinander gesonderter ›Pentateuch-
themen‹ nämlich..., erscheint, wenigstens was die Sinai-, Exodus- und Wüsten-
wanderungstradition anlangt, nach der oben begründeten Sicht der Dinge unhalt-
bar.«

verbunden geblieben und durch sie aktualisiert worden . . .[35]« sei. Hier ist W. Beyerlin wohl der Meinung, daß die Räucherpraxis die entsprechende Darstellung der Sinaitheophanie bewirkte[36]. Desgleichen gehe der Hörnerschall in Ex 19 13. 16. 19 20 18 auf das kultische Schopharblasen zurück[37].

Die im Jahre 1962 erschienene Monographie von H. Seebass über Mose und Aron[38] muß jetzt im Zusammenhang mit seiner Schrift aus dem Jahre 1966 »Der Erzvater Israel und die Einführung der Jahweverehrung in Kanaan«[39] gesehen werden, da der Verfasser eine Reihe von Ergebnissen weiterführt, abändert oder auch widerruft. Im Gegensatz zu W. Beyerlin, dessen oben erwähnte Arbeit er heftig kritisiert[40], findet H. Seebass sehr viel deuteronomistisches Material vor allem in der Sinaiperikope, was hier im einzelnen nicht aufgeführt werden kann. Bei der Scheidung in J und E geht er oft eigene Wege[41]. Seine überlieferungsgeschichtlichen Untersuchungen deuten geschichtliche Vorgänge an, die vor allem in der zweiten Monographie weiter ausgeführt werden. Im folgenden sollen eine Reihe der Ergebnisse aus dem Jahre 1962 referiert werden: Die Berufung Moses (Ex 3 f.), in der die Erwähnung Arons ursprünglich sei, fand am Sinai statt, auf der nach ihm benannten Halbinsel gelegen[42]. Dieser Berg, die Nennung des Jahwe-Namens und der Mittler Mose gehören zusammen[43]. Aus Ex 4 10 ff. schließt H. Seebass, daß Aron als Priester und Empfänger einer Kultgesetzgebung ursprünglich der Repräsentant eines fremden Glaubens war, dessen Gestalt an Mose gebunden wurde[44]. Die Volksgemeinden Arons und Moses wurden zu »Brüdern« (Ex 4 14); Arons Stab wurde Mose übereignet[45]. H. Seebass leitet das goldene Kalb (Ex 32) nicht von der Maßnahme Jerobeams I. in I Reg 12 ab. In seiner Untersuchung über Ex 32—34 kommt er zu fol-

---

[35] A. a. O. 183 f.

[36] A. a. O. 154 f. In der dortigen Anm. 8 lehnt W. Beyerlin vulkanische Phänomene als Urbild ab. F. Schnutenhaus, ZAW 76 (1964), 12 Anm. 48, hält W. Beyerlins Rückschluß von einer kultischen auf eine Ur-Theophanie für methodisch unzulässig.

[37] A. a. O. 155. 184.

[38] H. Seebass, Mose und Aaron, Sinai und Gottesberg, 1962.

[39] Diese Untersuchung geht ins Jahr 1963 zurück (siehe Vorwort; von G. Fohrer, Überlieferung und Geschichte des Exodus, 1964, konnte sie nicht mehr berücksichtigt werden). Somit wird durch die Vorwegnahme der Untersuchung von 1966 in dem vorliegenden Forschungsbericht lediglich R. Smend, Jahwekrieg und Stämmebund, zeitlich übersprungen.

[40] Siehe seine Rezension in ZDPV 78 (1962), 185—187.

[41] Das Kriterium der Doppelfädigkeit und des Gottesnamens (»Mose und Aaron . . .«, 1 f.) erfährt in der Untersuchung von 1966, 56 Anm. 4, Einschränkungen.

[42] A. a. O. 18 f. [43] A. a. O. 21.

[44] A. a. O. 23. 27. [45] A. a. O. 28 ff.

genden zusätzlichen Ergebnissen[46]: Aron »vertritt . . . das Mittlertum der
unmittelbaren sakralen Repräsentation im Bild Gottes«. Er steht in Verbindung zum Gottesberg. Die Auseinandersetzungen seien aber nicht von
den historischen Personen Mose und Aron geführt worden.

Demgegenüber sei Mose der einzige, unscheinbare Mittler des Wortes
Jahwes[47]. Die sogenannte Keniterhypothese[48] lehnt H. Seebass ab, da die
Erkenntnis Jethros identifizierend war: »an dem Tun Jahwes erkannte
er ein Tun, das auch seinen Gott charakterisiert[49].« Jethros Gott hieß
Elohim[50]. Im übrigen ist H. Seebass der Meinung, »daß das Ereignis am
Schilfmeer eine ebenso große theophane Kraft hat wie der Sinai . . .«;
Mirjam habe »in dem Handeln der theophanen Macht am Meer die Hand
Jahwes«, des Herrn vom Sinai, erkannt[51].

In seiner Untersuchung von 1966 über den Erzvater Israel – bedeutsam ist die Zusammenschau der Erzväter- und der Moseüberlieferungen – hat H. Seebass, wie schon angedeutet, die Ergebnisse von 1962
zum großen Teil aufgenommen[52], stärker historisch ausgewertet[53], aber
auch abgewandelt oder gar aufgegeben. Der Kult Jethros galt dem Vatergott (vgl. Ex 18₄), der auch der Gott des Auszugs gewesen sei; Mirjam
habe in ihm Jahwe erkannt (Ex 15 ₂₀ f.)[54]. »Durch Mirjams Prophetie
wird nun der Sinai zum Hauptkultort des Mosevolkes . . .[55].« »In der
Midianiter-Tradition aber ist die Exodus-Tradition fest verankert (3 ₁-₁₂.
₁₆- 4 ₁₂ 18 ₁-₁₂)[56].« Der Konflikt mit Aron habe darin seinen Grund, daß
die Mosegruppe in dessen Bereiche um Mara, Massa und Meriba eingedrungen sei[57]. Implizite nimmt wohl H. Seebass jetzt eine Auseinandersetzung der historischen Personen Mose und Aron an. »Auf die Dauer
aber drängte das Volk über die Oasen hinaus in einen Raum größerer
Lebensmöglichkeit hinein und ging so im Volk Israels auf[58].«

Abgesehen von seiner Interpretation der Gottesberg-Überlieferung
in »Mose und Aaron, Sinai und Gottesberg«, 83 ff. 134 ff.[59], die nicht

---

[46] A. a. O. 60 ff.
[47] A. a. O. 81 f.
[48] Siehe dazu H. H. Rowley, From Moses to Qumran, 1963, 48 ff.; K.-H. Bernhardt,
Gott und Bild, 1956, 125 ff.
[49] A. a. O. 86.   [50] A. a. O. 87.
[51] A. a. O. 132 f.; vgl. 99 f.   [52] A. a. O. 56 ff. 72.
[53] A. a. O. 88 ff.   [54] A. a. O. 53 ff.; vgl. 68 ff. 84 f. 95 ff.
[55] A. a. O. 85; vgl. 87.   [56] A. a. O. 65; vgl. 68.
[57] A. a. O. 72 f. 86.
[58] A. a. O. 87; bemerkenswert ist die Aussage in Anm. 153: »In welchen Bereich Pa-
lästinas die Mosegruppe einwanderte, kann man kaum mit Sicherheit sagen.« M. E.
kommt das südliche Ostjordanland am ehesten in Frage, gerade weil es zum moabitischen Bereich gehörte und nicht Patriarchen verheißen worden war.
[59] Siehe auch a. a. O. 60 Anm. 30, 65 Anm. 47, 79 Anm. 127.

wiedergegeben wurde, gibt H. Seebass seine Deutung der Stellung Moses als eines Mittlers auf, wie sie oben skizziert und ähnlich auch von W. Beyerlin vertreten wurde. H. Seebass führt als Grund dafür an: »Aus (Ex) 20 19 E; 20 22 (Bundesbuch) geht hervor, daß es eine Erzählung von der Sinaitheophanie gegeben hat, in der Jahwe direkt mit dem Volk geredet hat und nicht mit Mose (19 9a. 19b). Diese letzteren Notizen dienen wohl der Legitimation des Mose als Mittler (vgl. 19 9a!). Mit Smend, Jahwekrieg und Stämmebund S. 87 ff. sehe ich in Mose den charismatischen Führer einer Gruppe beim Exodus[60].«

✔R. Smend, der die Untersuchungen über »Jahwekrieg und Stämmebund«[61] verfaßte, konnte die Arbeit von H. Seebass aus dem Jahre 1962 nicht mehr berücksichtigen. In den ersten fünf Kapiteln weist R. Smend u. a. nach, daß der Jahwekrieg nicht Sache der Amphiktyonie[62] gewesen sei, sondern von den Rahelstämmen geführt worden sei. Die Lade sei kein zentrales Heiligtum gewesen[63]. Von besonderem Interesse sind die beiden letzten Kapitel: »VI. Auszug aus Ägypten und Bundesschluß am Sinai« und »VII. Mose beim Auszug und am Sinai«[64]. In Kap. VI vermutet R. Smend, daß die Rahelstämme oder das Haus Joseph als Träger des Jahwekrieges (vgl. Ex 15 20 f.) den Exodus erlebten und dann in das Kulturland kamen. Infolgedessen dürfen die Nothschen »Themen« von der »Herausführung aus Ägypten« und der »Hineinführung ins Kulturland« nicht auseinandergerissen werden[65]. Die These M. Noths, die Sinaitradition enthalte die Begründung der Amphiktyonie im Kulturland,

---

[60] A. a. O. 85 Anm. 146. Zur ursprünglichen Sinaiüberlieferung gehören nur Ex 19 3 bis 20a 20 1.22 (S. 61).

[61] 1963.

[62] Zur Kritik an der Nothschen Amphiktyonie-Hypothese siehe S. Herrmann, Das Werden Israels, ThLZ 87 (1962), 561–574; auch ThLZ 92 (1967), 242–244, besonders 244; J. Maier, Das altisraelitische Ladeheiligtum, 1965, 20 ff. (dagegen J. A. Soggin, Gilgal, Passah und Landnahme, SVT 15 [1966], 276 f.), und vor allem G. Fohrer, Altes Testament – »Amphiktyonie« und »Bund«?, ThLZ 91 (1966), 802–816. 893–904 (Lit.).

[63] Siehe dazu die in Anm. 62 erwähnte Arbeit J. Maiers, in der schlüssig nachgewiesen wird, daß die Lade nicht in die Wüstenzeit zurückgeht (1–39). G. Fohrer, ThLZ 91 (1966), 811, akzeptiert dies, ist allerdings im Gegensatz zu J. Maier (20 ff. 57 ff.) in Anbetracht von Jos 3–4, 6 der Ansicht, daß die Lade außerpalästinisch-israelitischer und vorjahwistischer (Haus Joseph oder Ephraim-Benjamin?) Herkunft sei.

[64] A. a. O. 79 ff. 87 ff. Die weitgehend hypothetischen Ausführungen dieser Kap. haben deswegen besonderes Gewicht, da R. Smend die systematisch konzipierte Monographie »Das Mosebild von Heinrich Ewald bis Martin Noth« (1959), geschrieben und sich eingehend mit der Gesamtproblematik befaßt hat.

[65] A. a. O. 82 f. Interessant ist, wie R. Smend einerseits an den »Themen« haftet, diese aber andererseits als isolierte Komplexe – vor allem auf Grund geschichtlicher Erwägungen – überwindet.

wandelt R. Smend dahingehend ab, daß sie die Ätiologie für den Sechser-
bund der Leastämme vor der Erweiterung zum Zwölferbund durch den
Zutritt der Rahelstämme gebildet habe. Er gesteht allerdings: »Leicht
begründen läßt sich das freilich nicht[66].«

R. Smend hält es nicht für nötig, Mose aus der Sinaitradition zu
eliminieren, ist aber in einer gewissen Unausgeglichenheit dennoch der
Meinung, »daß er hier nicht seine ursprüngliche Heimat hatte...«[67].
Des weiteren könnte es sein, »daß am Sinai Begegnungen von Menschen
etwa aus dem Kreise der Rahelstämme mit Jahwe stattgefunden hätten...«[68]. R. Smend rechnet offensichtlich Mose nicht zu diesen Menschen. Im VI. Kap. findet er den historischen Ort Moses, der einen
ägyptischen Namen trägt, bei der Herausführung aus Ägypten[69]. Auch
an der Landnahme könnte er beteiligt gewesen sein (Grabtradition)[70].
R. Smend hält es für möglich, »daß Mose gleichzeitig der Führer beim
Auszug aus Ägypten war und mit den Midianitern in engerer persön-
licher Beziehung stand... Es fällt schwer, angesichts dessen die sogenannte Midianiter- oder Keniterhypothese abzulehnen, nach der Jahwe
ursprünglich der Gott der Midianiter bzw. Keniter war und durch Mose
zum Gott der aus Ägypten Herausgeführten wurde[71].«

Akzeptiert man die Nothschen »Themen«, so wäre nach R. Smend
Mose aus Ägypten ausgezogen; auf Grund der midianitischen Verschwägerung und der Grabtradition wäre er auch an der Wüstenwanderung
und an der Hineinführung ins Kulturland beteiligt gewesen. Seine
Eliminierung aus der Sinaitradition wäre mindestens fraglich. Damit
war es forschungsgeschichtlich nicht mehr notwendig, zu beweisen, daß
Mose in mehr als einem der »Themen« beheimatet war; vielmehr müßte
zwingend nachgewiesen werden, daß die »Themen« isolierte Überlieferungskomplexe darstellen und infolgedessen Mose von vornherein nur
in einem derselben seinen Platz haben könnte.

Während A. H. J. Gunneweg die Nothsche Amphiktyonie allenthalben voraussetzt und verteidigt[72] und die Gestalt des Mose als Symbol
der Verklammerung von »Themen« versteht[73], wobei dieser allerdings
nicht im südlichen Ostjordanland (Grabtradition) oder im midianitischen
Bereich, sondern in Ägypten verwurzelt sei[74], lehnt G. Fohrer sowohl die

---

[66] A. a. O. 84. Neuerdings vertritt auch H. Gese, Bemerkungen zur Sinaitradition,
  ThLZ 92 (1967), 245 f., diese These; siehe unter Anm. 87.

[67] A. a. O. 84.   [68] A. a. O. 85.

[69] A. a. O. 88 ff.   [70] A. a. O. 95.

[71] A. a. O. 96.

[72] Leviten und Priester, 1965, besonders 55 f.

[73] Mose – Religionsstifter oder Symbol?, Der evangelische Erzieher 17 (1963), 41–48;
  vgl. M. Noth, ÜPent., 177.

[74] Mose in Midian, ZThK 61 (1964), 1–9.

»Themen«[75] als auch die »Amphiktyonie«[76] ab. Er weist im einzelnen nach, daß die Überlieferungen vom Exodus, von den Geschehnissen am Sinai und am Gottesberg wie von den Geschicken in Kadesch und im Ostjordanland zusammengehören[77]. »Jenes größere Ganze aber war die Landnahmeerzählung der Moseschar, die die Überlieferung von der Ausgangssituation über den Exodus, den Zusammenschluß mit Jahwe am Sinai und die weitere Wanderung bis zum Eintreffen im Ostjordanland, den dort erfolgten Tod des charismatischen Führers Mose und ursprünglich wohl auch vom Heimischwerden im ostjordanischen Kulturland umfaßt hat[78].«

In Ex 1–15 stellte G. Fohrer durch eine sowohl literarkritische (Quellenschichten J, E, N, D, P)[79] als auch überlieferungsgeschichtliche Untersuchung folgende Elemente heraus:
»Bedrückung der Israeliten (später: Verbindung mit dem aus der Patriarchenüberlieferung stammenden Vermehrungsmotiv),
Name Moses,
Heirat Moses in Midian,
Berufungserlebnis Moses mit Landverheißung an die Moseschar, in Verbindung mit Sinai/Gottesberg in oder bei Midian,
Tötung der ägyptischen Erstgeburt,
Flucht (oder Entlassung) der Israeliten,
Verfolgung und Rettung der Israeliten[80].«

Hinzu traten u. a. Überlieferungen, die anderer und wohl älterer Herkunft sind:
»die legendarischen Motive der Geburtsgeschichte Moses,
die Lokalüberlieferung vom brennenden Dornstrauch (Sinai),
die Erzählung vom nächtlichen Überfall durch die Gottheit,
das Motiv vom Blutritus aus dem Nomadenfest[81].«

---

[75] Überlieferung und Geschichte des Exodus, 1964, 3 f. Vgl. zum Stand der Forschung die »Einführung« 1–8.

[76] Altes Testament – »Amphiktyonie« und »Bund«?, ThLZ 91 (1966), 802–816. 893–904.

[77] Überlieferung und Geschichte des Exodus, 35. 37. 42. 52. 97.

[78] A. a. O. 122. Da diese Abfolge nicht als *eine* klare Grundlinie in Ex, Num und im Dtn hervortritt, ist zu fragen, durch welche überlieferungsgeschichtlich-geschichtlichen Vorgänge sie kompliziert wurde, etwa durch einen mehrfachen Exodus usw. Siehe dazu H. H. Rowley, From Joseph to Joshua, 1950, 6 Anm. 1; M. B. Rowton, The Problem of the Exodus, PEQ 85 (1953), 46–60; H. Cazelles, Les localisations de l'Exode et la critique littéraire, RB 62 (1955), 321–364; R. Schmid, Meerwunder und Landnahmetradition, ThZ 21 (1965), 260–268.

[79] A. a. O. 124 f. Siehe auch E. Sellin – G. Fohrer, Einleitung in das Alte Testament, 1965[10], 159 ff.

[80] A. a. O. 119.   [81] A. a. O. 119.

G. Fohrer bemerkt dazu: »Damit läßt sich eine ziemlich klare Linie von den noch analysierbaren Quellenschichten über die vorausgehende Grunderzählung mit den ältesten Erzählungszügen und die ursprünglichen Überlieferungselemente zu den ihnen zugrunde liegenden geschichtlichen Gegebenheiten und Vorgängen ziehen[82].«

H. Gese[83] setzt »eine ursprüngliche Trennung der Exodus- und Sinaitradition voraus«[84]. Er bemerkt, daß sich G. Fohrer »entschieden gegen die traditionsgeschichtlichen Hypothesen« wendet und sich auf den Hinweis beschränkt, »wie nahe der rekonstruierte ursprüngliche Erzählungsablauf den tatsächlichen Vorgängen kommt ... Während Fohrer sich im wesentlichen auf die Exodusereignisse beschränkt, geht Schmid mehr auf die späteren Ereignisse des ›historischen Mose‹ ein. Das läuft natürlich auf die grundsätzliche Frage hinaus, wieweit man bei der vorliterarischen Überlieferungsbildung den Kompositionszusammenhang für ursprünglich halten kann, bzw. ob ein zusammengesetztes Erzählungsziel (Befreiung von den Ägyptern/Jahweverehrung) ursprünglich sein kann[85].« H. Gese akzeptiert die von einem »gewissen Schematismus« befreite Amphiktyoniehypothese und spricht zurückhaltend von »Themen«[86]. Der Sinaitradition erkennt er als Ätiologie des Jahwe-Israel-Verhältnisses der Leastämme (»Urisrael«) die Priorität vor der Exodustradition zu[87]. Das Auszugsgeschehen (Rahelstämme) sei von der Jahwetheophanie am Sinai her interpretiert und somit die Exodusüberlieferung »Durch die Einfügung der Größen Israel und Jahwe ... *materialiter* ... aufs engste mit der Sinaiüberlieferung verknüpft worden ... Jedenfalls setzt die Exodusüberlieferung, die sich im AT greifen läßt, die Sinaiüberlieferung voraus[88].« Die formale – erzählerische – Verknüpfung erfolgte, nachdem die kultische Sinaitradition in der Zeit nach der Staatenbildung in eine Erzählung umgeformt worden sei[89]. Mose sei als Offenbarungsempfänger und Bundesmittler ursprünglich mit der Sinaitradition verbunden[90]. Mit A. H. J. Gunneweg[91] »subtrahiert« H. Gese die sogenannte »Midianschicht« (Ex 2 11 – 4 20 [21-31] 18), wodurch dann Exodus- und Sinaitradition ziemlich isoliert dastehen[92]. In der »Fundtradition«[93]

---

[82] A. a. O. 120. Die nachfolgende Untersuchung soll zeigen, warum die Linie nicht vollkommen, sondern bloß »ziemlich« klar ist. Als Zeit der Vereinigung verschiedener Überlieferungen kommt eher die Wüstenzeit als die Periode der Richter in Frage; vgl. K.-H. Bernhardt, Gott und Bild, 1956, 130 ff.

[83] Bemerkungen zur Sinaitradition, ZAW 79 (1967), 139–154.

[84] A. a. O. 139.

[85] A. a. O. 138 Anm. 8; in bezug auf Schmid verweist H. Gese auf Judaica 21 (1965), 215 ff.

[86] A. a. O. 137. 144.   [87] A. a. O. 139 ff.   [88] A. a. O. 141.

[89] A. a. O. 144 ff.   [90] A. a. O. 143 f.

[91] Mose in Midian, ZThK 61 (1964), 1 ff.   [92] A. a. O. 140 f.

(vgl. Dtn 32 10 Jer 2 2 ff. Hos 9 10) sieht er eine Umprägung der Sinaitradition, wie sie auch im ursprünglichen singularischen Rahmen des
Deuteronomiums (*6 4 –9 6 *10 12 –11 1 *27 1 –28 68) zu erkennen sei[94].

Einen beachtenswerten Beitrag stellt der Aufsatz »Mose« von
S. Herrmann[95] dar, der im Gegensatz zu H. Gese die »Themen« als
eigenständige Überlieferungskomplexe begründet ablehnt. S. Herrmann
weist zunächst an Hand ägyptischer Quellen, vor allem des Papyrus
Brooklyn 25.1446 (ed. W. C. Hayes) aus der 13. Dynastie, nach, daß in
Ägypten geborene Kinder von »Asiaten«, die in einem Dienstverhältnis
standen, ägyptische Namen erhielten. Im Hinblick auf Ex 2 1 ff. könnte
eine ägyptische Beamtenfrau oder überhaupt eine freie Ägypterin das in
der Wüste oder in Ägypten geborene Kind adoptiert und ihm einen
ägyptischen Namen gegeben haben. Mose, der in zeitgenössischen außer-
biblischen Quellen nicht belegt ist, mußte wohl wegen konspirativer
Tätigkeit gegen die pharaonische Verwaltung das Land verlassen; in der
Nähe Ägyptens sei er auf Midianiter getroffen (Ex 2 11 ff.). Jahwe sei
ebensowenig ein Vätergott wie Mose ein Patriarch gewesen. Letzterer
habe vielmehr als Mittler einer an den Gottesberg gebundenen Gottheit
fungiert, »die aber den Charakter einer Stammesgottheit, dem Typus der
Vätergötter ähnlich, anzunehmen vermochte und damit zwangsläufig
über den lokalen Haftpunkt am Gottesberg hinauswuchs« (318).
Wichtig erscheint dem Verfasser die Frage nach dem Eisodus in das östliche Nildelta. Er führt aus, daß der der aramäischen Bewegung der
zweiten Hälfte des 2. Jt. angehörenden »Südgruppe« im Gegensatz zu
verwandten Gruppen weiter im Norden eine eigenständige Landnahme
in Ägypten nicht gelungen sei; infolgedessen war sie die letzte, die sich
in Palästina niederlassen konnte. Moses »Beschränkung auf das Ostjordanland und auf die Wüstenzeit Israels kann kaum anders als aus historischen Voraussetzungen erklärt werden: Mose hat das Westjordanland
niemals betreten« (318). Dann betont S. Herrmann in seiner Kritik
an M. Noth, ÜPent, daß die überlieferungsgeschichtliche und literarische
Komposition des Pentateuchs auf historischen Vorgängen beruhen müsse.
In Auseinandersetzung mit A. H. J. Gunneweg (siehe oben Anm. 74)
zeigt er, wie auf Grund der inneren Wahrscheinlichkeit eines historischen
Vorgangs die Ägyptenstämme, Midian und Sinai in Ex 2–4 ursprünglich
zusammengehören. Im Gegensatz zu M. Noth ist S. Herrmann der Ansicht, »daß die unverwechselbaren Personen und ihre Werke die tradi-
tionsbindende und traditionsgestaltende Macht darstellten. In diesem

---

93 R. Bach, Die Erwählung Israels in der Wüste, Diss. Bonn, 1952.
94 A. a. O. 148 ff.
95 EvTh 28 (1968), 301–328. Dem Verfasser sei dafür gedankt, daß er mir einen Durch-
   schlag seines Manuskriptes zur Verfügung stellte und somit noch eine nachträgliche
   Berücksichtigung seiner Studien ermöglichte.

letzteren Sinne ist Mose wirklich ein verbindendes Element der Überlieferung, aber nicht als sekundär hineingewachsene überlieferungsgeschichtliche Größe, sondern als Träger einer geschichtlich ernst zu
nehmenden Potenz, die freilich im selben Grade Geschichte und Überlieferungsgeschichte machte« (321). Abschließend stellt S. Herrmann
fest, daß die ephraimitischen Stämme, »deren Zusammenhang mit den
Ägypten-Traditionen so gut wie allgemein anerkannt ist« (328),
folgende Gesamtüberlieferung bewahrten: »Ausgangspunkt war die
Auszugstradition, verbunden mit der Midian- und Gottesbergüberlieferung; angegliedert wurden einzelne Stammestraditionen aus dem Raum
südlich Palästina, Kadeschereignisse und Erinnerungen an hemmende
Faktoren im Ostjordanland, Durchzugsschwierigkeiten usw.« (328).
S. Herrmann verwirft die überlieferungsgeschichtliche Methode keineswegs, sondern weist ihr in Anbetracht dessen, daß Überlieferungen von
der Geschichte abhängig sind, den ihr zukommenden Platz in der histo-
risch-kritischen Forschung zu.

Abschließend sei festgestellt, daß M. Noth selbst, der sich zu den
neueren Arbeiten von H. Seebass, R. Smend und G. Fohrer m. W. noch
nicht geäußert hat, in seinen Kommentaren zu Ex[96] und Num[97] wohl die
getrennten »Themen« explizite und die »Amphiktyonie« implizite voraussetzt, jedoch zu einer etwas stärkeren historischen Auswertung der
Moseüberlieferungen gekommen ist. Interessant ist schon in der grundlegenden ÜPent, daß M. Noth bei der Frage des Verhältnisses der Themen »Herausführung aus Ägypten« und »Offenbarung am Sinai«
äußerte: »Das hier vorliegende Problem kann gewiß nur *geschichtlich*
einer Lösung zugeführt werden aus einer Vorgeschichte heraus, die sicherlich bewegter und reicher gewesen war, als die zusammenfassende und
vereinfachende spätere Überlieferung noch wirklich deutlich werden
läßt[98].« Die »Führung in der Wüste« hielt er für ein uneigentliches
»Thema«, da eine kultische Verwurzelung nicht nachzuweisen sei[99].

E. Osswald bemerkte, daß sich in M. Noths Exodus-Kommentar
»eine auffallende Zurückhaltung hinsichtlich direkter Äußerungen zur
Eliminierung der Mose-Gestalt konstatieren . . .« läßt[100]. Ob daraus wei-
tergehende Schlüsse gezogen werden dürfen, soll dahingestellt bleiben.
Die midianitische Verschwägerung Moses hält M. Noth für ein »gewiß

---

[96] Das zweite Buch Mose. Exodus, 1959.
[97] Das vierte Buch Mose. Numeri, 1966 (Das dritte Buch Mose. Leviticus, 1962, spielt
in diesem Zusammenhang keine Rolle).
[98] ÜPent. 65.
[99] Siehe dazu Chr. Barth, Zur Bedeutung der Wüstenfesttradition, SVT 15 (1966),
14 ff., der als kultischen Sitz im Leben ein Bundeserneuerungsfest annimmt.
[100] Das Bild des Mose, 268 Anm. 85; siehe auch Anm. 84 und S. 267 Anm. 81.

sehr altes Überlieferungselement«[101], es sei jedoch gegenüber der Begegnung Israels mit dem Priester von Midian sekundär[102]. Auf Grund von Ex 18 12 rechnet M. Noth mit speziellen Aron-Überlieferungen, die nicht mehr erhalten seien[103]. Im Numeri-Kommentar ist vor allem bedeutsam, daß im Unterschied zu ÜPent, wo die Notiz vom Tod und Begräbnis Mirjams in Kadesch (Num 20 1b) P zugeschrieben und für unzuverlässig erklärt wird[104], nun Num 20 1aβ.b J angehört. »Damit wird vermutlich eine Tradition wiedergegeben, die ein Grab der Mirjam in Kades gekannt hat«[105]. Kadesch wird als Ausgangspunkt der Kundschafter (J) beibehalten[106].

2. ALLGEMEINE METHODISCHE FOLGERUNGEN

Auf Grund der Gattungen und der Quantität der Moseüberlieferungen werden bei jeder kritischen Methode manche Ergebnisse unsicher und hypothetisch bleiben, was auch die Untersuchungen der Forscher erkennen lassen, die nicht auf dem Boden der Amphiktyonie-Hypothese stehen und keine isolierten Themen als Prämissen annehmen[107]. Vertreter der Hypothese vom sakralen Zwölfstämmebund neigen m. E. von vornherein zu der Meinung, daß jeglicher größere Zusammenhang von Ereignissen aus der Väter- und Mosezeit erst in und durch den angeblich zentralen amphiktyonischen Kult zustande gekommen sei. Unerklärt bleibt dann die Entstehung des israelitischen Gemeinbewußtseins, das sich selbst zum großen Teil auf Gotteserfahrungen in der Geschichte vor der Landnahme beruft[108]. G. Fohrer hat gezeigt, »daß ein Wegfall der Amphiktyonie-Hypothese und ein Zurückstellen der *berît*-Vorstel-

---

[101] Das zweite Buch Mose. Exodus, 19.

[102] Das zweite Buch Mose. Exodus, 118 f.

[103] Das zweite Buch Mose. Exodus, 120.

[104] ÜPent. 19. 200. [105] Das vierte Buch Mose. Numeri, 128.

[106] Das vierte Buch Mose. Numeri, 90 ff. Vgl. 127 f. Anders ÜPent. 148 f.

[107] Zu nennen wären außer H. Seebass und G. Fohrer vor allem C. A. Simpson, The Early Traditions of Israel..., 1948; H. H. Rowley, From Joseph to Joshua, 1950; M. Buber, Moses, 1952² (nicht literarkritisch); E. Auerbach, Moses, 1953. Diese Werke wurden außer dem von H. H. Rowley kritisch dargestellt von E. Osswald, Das Bild des Mose, 287 ff., 311 ff., 319 ff. Zu der Untersuchung von H. H. Rowley wäre hinsichtlich seiner Methode (die Ergebnisse faßt der Autor a. a. O. 164 zusammen) zu sagen, daß die Ereignisse »From Joseph to Joshua« in ein umfassendes Geschichtsbild unter sorgfältiger Beachtung des archäologisch-historischen Hintergrundes eingeordnet werden. Eine Schwäche ist wohl die, daß nur dann Texte überlieferungsgeschichtlich untersucht werden, wenn sich ihre Aussagen nicht in die Gesamtkonzeption einfügen lassen. So wird z. B. – sozusagen stillschweigend – Mose nicht mit Kadesch in Verbindung gebracht (vgl. M. Noth, ÜPent., 180 ff.!).

[108] M. Noth, Geschichte Israels, 1961⁵, 119 f., erkennt diese Aporie selbst; vgl. ÜPent. 274. 279.

lung keine unschließbaren Lücken reißen«[109]. Das Schema der Zwölfzahl
von Stämmen aus der nomadischen Zeit ist »eine genealogische Liste zur
Feststellung der Abstammungs- und Verwandtschaftsverhältnisse«[110].
»Nachdem die Moseschar eingewandert und in die mittelpalästinischen
Stämme eingegliedert worden war, erfolgte die allmähliche Übernahme
des Jahweglaubens durch die israelitischen Stämme, so daß der durch die
Genealogie konstituierte 'am Israel insgesamt zum 'am Jahwes, also infolge der Übernahme des Jahweglaubens in die Lebensgemeinschaft mit
Jahwe einbezogen wurde. Wie einerseits die Moseschar in den 'am Israel
aufgenommen wurde, so andererseits Israel in den 'am Jahwes[111].« Wenn
auch diese Abfolge einen in sich geschlossenen Eindruck macht, so dürfte
es methodisch ratsam sein, die einzelnen Moseüberlieferungen sowohl für
sich als auch in ihrem Zusammenhang zu untersuchen und erst dann die
Ergebnisse in ein größeres geschichtliches Schema einzuordnen. Voraussetzung der exegetisch-überlieferungsgeschichtlichen Untersuchung ist die
Literarkritik.

Da Überlieferungsgeschichte, auch Redaktionsgeschichte[112], in den
Raum der *einen* Geschichte fallen, lassen sich bei dieser Methode geschichtliche und religionsgeschichtliche, ja mitunter geographische Erwägungen und Kombinationen nicht ausklammern[113]. Sie sind notwendig,
auch als ein Korrektiv gegenüber allzu gewagten form- und überlieferungsgeschichtlichen Spekulationen. In den Rahmen der überlieferungsgeschichtlich-geschichtlichen Untersuchungen gehört dann die Befragung
des Zusammenhanges der Einzelgeschichten innerhalb der Quellenschichten und darüber hinaus. »Denn Geschichten kreisen um Geschichte[114].« Und – so könnte man hinzufügen – diese ist *eine*, wenn auch
das Wirklichkeitsverständnis der biblischen Erzähler und Schriftsteller
mitsamt den Redaktoren anders als das der heute üblichen kritisch-histo-
rischen Wissenschaft war[115].

---

[109] ThLZ 91 (1966), 901.   [110] A. a. O. 814.

[111] A. a. O. 901; ders., Die Vorgeschichte Israels im Lichte neuerer Quellen, in: Das
Wort im ev. Rel.-Unt. 1965/66, Nr. 2, 2–10.

[112] Siehe dazu G. Fohrer, Tradition und Interpretation im Alten Testament, ZAW 73
(1961), 1–30.

[113] Freilich darf dies nicht vorschnell geschehen. Vgl. dazu E. Osswald a. a. O. 277 f.;
dies., Methodische Erwägungen zur Frage der Verwertung überlieferungsgeschichtlicher Ergebnisse für die Erforschung geschichtlicher Sachverhalte, ThLZ 85 (1960),
145 f.

[114] G. Fohrer, Überlieferung und Geschichte des Exodus, 7.

[115] Siehe dazu C. A. Keller, Von Stand und Aufgabe der Moseforschung, ThZ 13
(1957), 438 ff., und – davon unabhängig – H. Schmid, Judaica 21 (1965), 213 ff.
Der Terminus Moseüberlieferung (-tradition) wird in dieser Untersuchung im wei-
testen Sinn gebraucht. Nicht immer steht Mose im Mittelpunkt. Meist ist er eingefügt in das Kraftfeld von Gott und Volk.

Eine schwierige Frage ist, ob *verschiedene* Traditionen auf *verschiedene* Begebenheiten *verschiedener* Gruppen zurückgehen oder ob *ein und derselbe* Tatbestand im Laufe der Überlieferungsgeschichte in *unterschiedlicher* Form durch *verschiedene* Interessengruppen ausgeprägt wurde. Es ist auch damit zu rechnen, daß Widerfahrnisse *verschiedener* Gruppen im Laufe der Traditionsbildung *vereinheitlicht* wurden. Bei einem Lösungsversuch solcher Problematik sollten Indizien des Textes ausschlaggebend sein und nicht Schemata der Wissenschaft, obgleich sich letztere kaum ganz vermeiden lassen.

Von Vorteil dürfte es in den folgenden Untersuchungen sein, wenn die Einzelgeschichten nicht unter Berücksichtigung eines hypothetischen Koordinators, etwa des amphiktyonischen Kultes, sondern auf einem Gesamthintergrund untersucht werden, der sich aus den Itineraren und Itinerarnotizen ergibt, wobei das einzelne durch das Ganze und das Ganze durch das einzelne kritisch zu prüfen ist. Ein Zirkelschluß liegt dann nicht vor, wenn jeweils neue Erkenntnisse oder Vermutungen ins Spiel kommen.

3. DIE ZEIT MOSES

Das Ziel dieses kurzen Abschnittes ist eine grobe zeitliche Ansetzung der Ereignisse, mit denen Mose verbunden ist. Die Nennung der Städte Pithom und Ramses (Ex 1 11), die unter dem Pharao Ramses II. im 13. Jh. ausgebaut wurden, läßt die Unterdrückung der Israeliten, die eine Voraussetzung der Mosegeschichte ist, in eben dieses Jahrhundert festlegen[116].

---

[116] Siehe dazu neuerdings C. de Wit, The Date and Route of the Exodus, 1960, 5 ff.; G. Hebert, When Israel Came out of Egypt, 1961, 44 ff.; G. Fohrer, Überlieferung und Geschichte des Exodus, 15 ff.; J. Bright, A History of Israel, 1959, deutsch: Geschichte Israels, 1966, 109 ff.; Y. Aharoni, The Land of the Bible, 1966, 178. Nach D. B. Redford, Ex 1 11, VT 13 (1963), 401–418, wurde Ex 1 11 zwischen 525 und dem Ende des 5. Jh. formuliert. Dagegen wandte sich W. Helck, TKW und die Ramses-Stadt, VT 15 (1965), 35–48; siehe auch ders., Die Beziehungen Ägyptens zu Vorderasien im 3. und 2. Jahrtausend v. Chr., 1962, 204 ff., 612 f. S. Yeivin, The Exodus, Tarbiz 30 (1960/61), 1–7, möchte den Exodus wegen des Vorkommens von »Negeb Levi« und »Gebiet Levi« in Pharaonenlisten in die Zeit Amenophis' IV. (14. Jh.) ansetzen. Dies überzeugt nicht, da die Leviten im Bereich von Kadesch ansässig und wahrscheinlich nur einige Sippen nach Ägypten abgewandert waren; vgl. dazu R. Kittel, Geschichte des Volkes Israel, I 1916, 568 ff. Ob der im Papyrus Salt 124, Vs. II 17 erwähnte Mśj am Ende der Regierungszeit Merneptahs mit dem biblischen Mose identisch ist, wie F. Cornelius, Moses urkundlich, ZAW 78 (1966), 75–78, annimmt, ist nicht sicher. Die Ansetzung Moses im 16. und 15. Jh., die A. Neher, Moses, 1964, 31 ff., zusammen mit seiner Ansetzung im 13. Jh. erwägt, ist nicht überzeugend. Bei der Einbeziehung Moses in die ägyptische Geschichte oder Religionsgeschichte sind m. E. ägyptologische Sachkenntnisse nötig, die allein davor bewahren können, eine »von Dilettanten gepflegte Hypothese« zu vertreten; siehe H. Gunkel, Artikel »Mose«, RGG² IV 1930, 237.

Die Edomiter, deren Landnahme wie die der Moabiter ins 13. Jh. fällt, waren seßhaft (Num 20)[117]. Das edomitische Königtum war vor dem israelitischen begründet worden (Gen 36 31-39). Wenn in Gen 36 35 gesagt wird, daß der vierte edomitische König namens Hadad Midian auf dem Gefilde Moabs schlug, so könnte es sein, daß er es war, der der ursprünglich mit den Midianitern verbundenen Moseschar entgegentrat (Num 20 14 ff.). Die Landnahme Kalebs, die der Kundschaftergeschichte in Num 13 f. zugrunde liegt, läßt sich nicht sicher datieren[118]. Aus Jdc 1 10-15. 20-21 ist zu schließen, daß die Kalibbiter vor den Judäern in die Gegend von Hebron eindrangen, das sieben Jahre vor Zoan, also um die Wende des 18. zum 17. Jh., erbaut worden war (Num 14 22). Die Angabe von Dtn 2 14, daß die Wanderung von Kadesch Barnea bis zum Bach Sered 38 Jahre gedauert habe[119], ist eine künstliche Bildung. Von der vierzigjährigen Wüstenwanderung (Num 14 34 P; Dtn 2 7 8 2 ff. 29 5 Am 2 10 5 25) wurden nämlich zwei Jahre für den Zug zum Sinai und den dortigen Aufenthalt abgezogen. Da die zeitliche Ansetzung in den folgenden Untersuchungen keine wesentliche Rolle spielt, sei zu den Angaben von Gen 15 13 Ex 12 40 f. und I Reg 6 1 auf H. H. Rowley, From Joseph to Joshua, 1950, 57 ff., verwiesen, wo die betreffenden Probleme ausführlich erörtert werden.

---

[117] A. H. van Zyl, The Moabites, 1960, 109 f., setzt die moabitische Landnahme im 14. und frühen 13. Jh. an; vgl. Y. Aharoni a. a. O. 178.

[118] Zu Kaleb siehe W. Beltz, Die Kaleb-Traditionen oder Ein Beitrag zur theoretischen Diskussion in der Religionswissenschaft, Diss. Budapest 1966, und R. North, Caleb, Bibbia e Oriente 8 (1966), 167–171, wonach Caleb in Jefunneh zwischen Kadesch und Hebron mit Levi oder Joseph in Berührung kam, als diese Stämme ins Land Moab weiterzogen.

[119] Es ist nicht richtig, wenn H. H. Rowley a. a. O. 105, daraus schließt, daß der Aufenthalt in Kadesch so lange gedauert habe. Siehe dazu H. Seebass, Der Erzvater Israel, 1966, 67 Anm. 59.

I. Die Routen des Auszugs und der Wüstenwanderung

1. DAS ITINERAR NUM 33 1-49

Dieser Abschnitt enthält das umfangreichste und zum Teil eigenständigste Itinerar des Pentateuchs. Er zeichnet sich weitgehend durch den Sprachgebrauch der Priesterschrift aus. Zu der in Ex und Num erzählten Wanderung bestehen enge Beziehungen. Ab v. 12 werden jedoch Stationen erwähnt, die im Pentateuch nicht vorkommen. Infolgedessen ist mit M. Noth[1] anzunehmen, daß ein Stationsverzeichnis unbekannter Herkunft eingearbeitet worden ist. Gehörten zu ihm nur die sonst nicht genannten Örtlichkeiten? Bevor diese Frage beantwortet werden kann, sind zunächst einige Zusätze auszuscheiden.

V. 1 ist Überschrift, die vielleicht ursprünglich nur v. 1a umfaßte. V. 2 ist ein Nachtrag, der die Autorschaft Moses herausstellt, der, abgesehen von v. 1b, nicht erwähnt wird. V. 3 f. nimmt v. 5a vorweg und erweist sich dadurch als sekundär. Dieser Zusatz lehnt sich an Ex 12 6. 12. 14 (P) 12 29 und 14 8b an. Mit v. 5 setzt das Stationsverzeichnis mit der stereotypen Formulierung des Aufbruchs und der Lagerung ein. Sollte mit diesem Vers das ursprüngliche Stationsverzeichnis beginnen, so ist zu erklären, warum die Örtlichkeiten in den v. 5-11 im Pentateuch wieder erscheinen, jedoch viele Stationen ab v. 12 nicht. Vermutlich liegt Num 33 5 ff. ein Verzeichnis zugrunde, das bis v. 11b die Vorlage für eine Reihe von Stationen war, dann aber im großen und ganzen nicht mehr exzerpiert wurde, weil die Bearbeiter mit den folgenden Angaben weder etwas anzufangen noch ihnen irgendwelche Notizen hinzuzufügen wußten.

Weiter sind folgende Einzelheiten zu bemerken: Die Aussage »Und die Israeliten brachen auf von Ramses« (v. 5a) fand ihren Niederschlag

---

[1] Der Wallfahrtsweg zum Sinai, PJB 36 (1940), 5–25. Daß Stationen eines Wallfahrtsweges vorliegen, hat M. Noth nicht bewiesen. Y. Aharoni a. a. O. 76 bestreitet deshalb auch, daß die Liste »any functional purpose« habe. M. E. sind Itinerare im Rahmen der sogenannten Listenwissenschaft gelehrte Bildungen (aus der Königszeit?), bei denen schriftliche Aufzeichnungen, volkstümliche Überlieferungen und militärisch-wirtschaftliche Kenntnisse von Orten und Wegen zur Verfügung standen. Y. Aharonis Lokalisierung des Sinai auf der gleichnamigen Halbinsel dürfte verfehlt sein (a. a. O. 182 f.), ebenso die These von M. Harel, The Route of the Exodus of the Israelites from Egypt and their Wandering in the Sinai-Desert: A Geographical Study, Dissertation Abstracts 26 (1965/66), 3889, der Sinai läge östlich von Suez.

in Ex 12 37a (L/N)[2]. Ex 13 20 (L/N) stimmt mit Num 33 6 überein. Da Ex 13 20 isoliert dasteht, dürfte dieser Vers dem ursprünglichen Itinerar in Num 33 entnommen sein. Num 33 7, auf Grund von Ex 14 2 verändert, lautet: »Und sie brachen auf von Etam (und man wandte sich zurück nach Pihachiroth, welches vor Baal Zephon liegt), und sie lagerten sich vor Migdol.« Ex 14 2 besagt: »... wendet euch zurück und lagert euch vor Pihachiroth zwischen Migdol und dem Meer, vor Baal Zephon, ihm gegenüber sollt ihr lagern!«[3] Num 33 8 kennt dementsprechend Pihachiroth als Lagerplatz; im übrigen lehnt sich dieser Vers weitgehend an Ex 15 22aβ.b-23aα an, wo die Wüste Etam durch die Wüste Schur ersetzt wurde. In Num 33 8aβ ist die (elohistische) Vorstellung vom Durchzug durch das Meer übernommen worden (vgl. Ex 14 16aβ.b.22). Mit Num 33 9 ist Ex 15 27 zu vergleichen.

In Num 33 10 ist eigenartig, daß die Israeliten nach dem Aufenthalt in Elim[4] am Schilfmeer lagerten. M. Noth bemerkt dazu: »Die merkwürdige Stellung des ›Schilfmeeres‹ (V. 10b.11a) hinter Elim (V. 10) erklärt sich vielleicht als unsachgemäße Schlußfolgerung aus der mißverstandenen Bemerkung von 2. Mose 15 27, daß man nach der Ankunft in Elim ›sich am Wasser lagerte‹[5].« Ein Mißverständnis scheidet m. E. aus, da

---

[2] Zur Quellenscheidung siehe O. Eissfeldt, Hexateuch-Synopse, Neudruck 1962, und G. Fohrer, Überlieferung und Geschichte des Exodus, 1964, 124 f. Auffallend ist die gelegentliche Abhängigkeit der Priesterschrift von L/N; vgl. G. Fohrer a. a. O. 59.

[3] Die Aufforderung ist dermaßen komplex, daß man mit Glossen rechnen muß, wenn man nicht mit O. Eissfeldt a. a. O. z. St. eine Quellenscheidung (L, J, E) vornehmen will. Die Kompliziertheit spricht m. E. dagegen, daß Ex 14 2-4 P angehört, wie M. Noth, Der Schauplatz des Meerwunders, in: Festschrift O. Eissfeldt, 1947, 182, annimmt. M. Noth dürfte aber darin recht haben, daß eine nachträgliche Lokalisierung vorliegt (184 ff.). O. Eissfeldt, Baal Zaphon, Zeus Kasios und der Durchzug der Israeliten durchs Meer, 1932, 30 ff., hat vor allem auf Grund der Ortsangabe Baal Zaphon nachgewiesen, daß nach Ex 14 2.9 das Meerwunder am Sirbonischen See stattgefunden hätte. C. de Wit a. a. O. 13 ff. referiert die verschiedenen Lokalisierungsversuche und vermutet selbst eine südliche Route von Pi Ramses (= Tanis) nach Sukkoth (= Tjeku im Wadi Tumilat, an dessen Ostausläufer Pithom zu suchen sei) zu einem »Schilfmeer« östlich oder südöstlich davon (19 f.).

[4] E. Meyer, Die Israeliten und ihre Nachbarstämme, 1906, 100 ff., identifizierte Elim mit dem antiken Phoinikon an der westlichen Südspitze der Sinaihalbinsel. H. Gressmann, Mose und seine Zeit, 1913, 413 f., erhob dagegen Einspruch. Für Phoinikon könnte m. E. sprechen, daß gleich vom Schilfmeer = Golf von Akaba die Rede ist. Siehe zu dieser Gleichsetzung des Schilfmeeres M. Noth a. a. O. 188 f.

[5] M. Noth, Der Wallfahrtsweg zum Sinai, PJB 36 (1940), 7, nimmt an, daß »Wüste Sin« und »Wüste Sinai« Varianten seien. Mit Num 33 12 beginne der Rückweg vom Sinai. Nach v. 11f. und 14f. sind aber beide Wüsten nicht identisch.

man sich in Ex 15 27 *in* Elim, in Num 33 10 jedoch einen Tagesmarsch *nach* Elim lagerte. Mit dem Schilfmeer kann nur der Golf von Akaba gemeint sein (vgl. Ex 23 31 Num 14 25 21 4 Dtn 1 40 2 1 I Reg 9 26; problematisch ist nur Ex 10 19). Die Angaben »Schilfmeer« und »Wüste Sin« (Num 33 10b-12a) sind vage und wohl nicht ursprünglich. Nach der Glosse Ex 16 1aβ liegt die Wüste Sin zwischen Elim und dem Sinai. Es erheben sich nun schwierige topographische Fragen. Liegt Elim auf der traditionellen Sinaihalbinsel, so müßte nach Ex 16 1 der Sinai ebenfalls auf dieser Halbinsel zu suchen sein. Eine Lage östlich des Golfes käme dann nicht in Frage, da sonst in Ex 16 1aβ zwischen Elim und dem Sinai das Schilfmeer genannt werden müßte. Es fragt sich allerdings, ob damit an den Zusatz Ex 16 1aβ nicht zu strenge Maßstäbe gelegt werden.

Nimmt man eine Lage des Sinai auf der nach ihm benannten Halbinsel an, dann wäre nach Num 33 10-13 der Wüstenzug, von Elim kommend, ans Schilfmeer gestoßen und hätte sich über Dophka, Alus und Rephidim zum Sinai zurückgewandt. Warum wäre man dann überhaupt zum Schilfmeer gezogen? Kaum hätten Wegeverhältnisse dazu den Ausschlag gegeben. Wenn der Redaktor, der das ursprüngliche Stationsverzeichnis überarbeitete, sich bei der vermuteten Einfügung von Schilfmeer, Wüste Sin und Wüste Sinai etwas vorstellen konnte, so muß er angenommen haben, daß die Örtlichkeiten ab Num 33 1b östlich des Golfes von Akaba lagen[6]. Die Frage, wie das Schilfmeer überquert wurde, löste man – wie noch zu zeigen ist – dadurch, daß man das Meerwunder auf dieses übertrug. Es ist nicht anzunehmen, daß Num 33 11-14 eine Route um den Golf herum markiert; Ezeon Geber dürfte dann nicht fehlen. Num 33 14bβ ist eine Einschaltung auf Grund von Ex 17 1. Massa und Meriba im Bereich

---

[6] A. v. Gall, Altisraelitische Kultstätten, 1898, 11, setzt den Sinai in Westarabien an. Auch M. Noth a. a. O. 22 ff. und Das vierte Buch Mose, 213, vermutet die Ostseite des Golfes von Akaba. Anders Y. Aharoni a. a. O. 182 f. Jotbatha identifiziert er mit Tabeh, 7 Meilen südlich von Elath (183). Dies ist wenig überzeugend, da dann in Anbetracht der Kürze der Strecke auch bei schlechtesten Wegverhältnissen keine weitere Station vor Ezeon Geber notwendig gewesen wäre. Nicht akzeptabel ist die Meinung von H. Seebass, Der Erzvater Israel, 1966, 72 Anm. 87, wonach der Kultplatz der Midianiter am Gottesberg und der Kultort des Sinai am gleichen Berg, aber nicht an der gleichen Stelle gelegen hätten. Dann müßte ja der Gottesberg mit dem Sinai identisch sein, was aber wegen der unterschiedlichen Arten der Theophanie nicht wahrscheinlich ist. J. Koenig, La localisation du Sinaï et les traditions des scribes, RHPhR, 43 (1963), 26, identifiziert Alus (Num 33 13 f.) mit al-Lowza, 110 km südöstlich von Mrayfeq in Arabien. Siehe auch J. Koenig, Itinéraires sinaïtiques en Arabie, RHR 165 (1964), 121–141; ders., Le Sinaï montagne de feu dans un désert de ténèbres, RHR 167 (1965), 129–155. J. Koenig fußt auf A. Musil, The Northern Heğâz, 1926, 298, der den Sinai mit dem ehemals vulkanischen Ḥala al Badr ssö. von Tebuk gleichsetzte.

von Kadesch (Ex 17 7)[7] werden übergangen – ein Beweis dafür, daß sich
der Bearbeiter des Stationsverzeichnisses etwas gedacht hat. Er war offensichtlich nicht der Ansicht, daß die Wüste Sinai mit dem gleichnamigen
Berg bei Massa und Meriba, also nahe Kadesch gelegen wäre[8]. Dagegen
spricht nicht die Nennung von Rephidim (Num 33 14b. 15a). Wenn auch
die Auseinandersetzung mit den Amalekitern (Ex 17 8 ff.) im Gebiet von
Kadesch zu vermuten ist (vgl. Gen 14 7), so lag Rephidim nicht dort, da
diese Ortsangabe in Ex 17 8 nicht primär ist, sondern aus der Itinerarnotiz Ex 17 1 stammt[9], die ihrerseits auf ein umfangreiches Itinerar, vielleicht auf den Kern von Num 33, zurückgeht. Auf dem Weg aus der
Wüste Sinai (Num 33 16) werden die Wüste Paran und der Ort Tabera
übergangen (vgl. Num 10 12 P; 11 3 L/N). Infolgedessen ist es fraglich,
ob Kibroth Hattaawa und Chazeroth Num 11 f. entstammen. Beide
Stätten sind wohl in Num 33 16b-18a ursprünglich. Für die Orte in
Num 33 18b-35a gibt es unterschiedliche Lokalisierungsversuche[10], die hier
nicht besprochen zu werden brauchen; erst Ezeon Geber am Nordende des
Golfes von Akaba ist sicher. Die Orte Moseroth, Bne Jaakan, Hor Hag-
gidgad und Jotbatha (Num 33 30b-34a) erscheinen mit abgewandelter Na-
mensform in dem Fragment Dtn 10 6 f. in der Reihenfolge: Beeroth Bne
Jaakan (vgl. Gen 36 27), Mosera, Gudgod und Jothba. In diesem Fragment wird an den Zug vom Horeb gedacht, der im Dtn mit dem vulkanischen Sinai identisch ist. Die Reihenfolge in Num 33 30b ff. dürfte ursprünglich sein, da eher am Anfang eines Fragments als in einem größeren
Zusammenhang Umstellungen vorkommen. Singulär ist die sekundäre
Notiz in Dtn 10 6, daß Aron in Mosera verstorben und dort begraben
worden sei. P erwähnt seinen Tod – ohne Begräbnis – auf »Hor, dem
Berg« (Num 20 22-29 33 38 f.[11]). Diese Quellenschicht hat das Ende Arons

---

[7] So auch M. Noth, Das zweite Buch Mose, 111 f., mit Hinweisen auf Num 20 1-13
27 14 Dtn 32 51 Ez 47 19 48 28. Gen 14 7 wäre auch noch zu erwähnen.

[8] R. Kittel a. a. O. 535 lokalisierte den Sinai (Berg 'arāif), den Berg Paran und den
Horeb in der Nähe von Kadesch. Wenn er schreibt, daß vulkanische Erscheinungen
auf den Horeb übertragen wurden, so trifft dies nur für Dtn 4 f. zu. In dem Kom-
mentar G. Beer – K. Galling, Exodus, 1939, 25 f., wird der Offenbarungsberg in der
Nähe von Kadesch festgelegt und mit dem erwähnten 'arāif oder besser mit dem
maḳrah = Dschebel Faran (Berg Paran) gleichgesetzt. Es ist noch auszuführen,
daß die Annahme eines Gottesberges bei Kadesch gerechtfertigt erscheint, dieser
aber nicht mit dem Sinai identisch sein kann (siehe unten 61 ff.).

[9] So M. Noth, Das zweite Buch Mose, 112 f.

[10] Vgl. M. Noth, Der Wallfahrtsweg zum Sinai, PJB 36 (1940), 22 ff.; I. Fransen, Au
désert à la terre promise. Le plus ancient récite du Livre du Nombres, Bible et
Vie Chretienne 5 (1954), 60–84; J. Koenig, RHPhR 43 (1963), 28 ff., und Karten-
skizze RHPhR 44 (1964), 203.

[11] Wenn M. Noth, Das vierte Buch Mose, 211, ausführt, daß die Angaben über das
Datum des Todes Arons und über seine Lebensdauer in Num 33 38 f. unbekannter

dem in der Tradition vorgegebenen Tod Moses auf dem Berg (Dtn 34 *1. 2-6 J) nachgebildet. Sie brauchte dazu nach der Verfehlung Moses und Arons in Kadesch (Num 20 1-13) einen Berg, den das Stationsverzeichnis unmittelbar nach Kadesch mit »Hor, dem Berg« anbot (Num 33 37). Lag der Sterbeort Arons, Mosera = Moseroth, auf dem Weg vom arabischen Sinai nach Ezeon Geber, so ist es durchaus möglich, daß Aron zu diesem Berg Beziehungen hatte.

Problematisch ist der »Abstecher« von Ezeon Geber nach Kadesch (Num 33 36)[12]. Aus Num 20 1a stammt die Glosse »die Wüste Zin, das ist«. Da der weitere Weg schließlich nach dem lokalisierbaren Punon (= fē-nān) führt, das auf der Ostseite der Araba etwa in der Höhe von Kadesch liegt (Num 33 42b. 43a), scheint M. Noths[13] Ansicht, Kadesch sei sekundär, richtig zu sein. Dagegen spricht jedoch, daß Num 33 37a. bα (von Kadesch nach »Hor, dem Berg«) einen ursprünglichen Eindruck macht. Hinzu kommt, daß Dtn 1 2 einen elftägigen Weg vom Horeb, der im Dtn mit dem vulkanischen Sinai identisch ist, nach Kadesch Barnea kennt. Auch Dtn 33 2 legt die Route vom Sinai nach Kadesch nahe:

> »Jahwe kam von Sinai
> und glänzte ihnen auf von Seir,
> er strahlte auf vom Gebirge Paran
> und kam ›nach Meribath Kadesch‹[14]«

Von Kadesch führte der Weg über »Hor, den Berg« und Zalmona nach dem bereits erwähnten Punon, etwa 50 km von der Südspitze des Toten Meeres entfernt. Der Bearbeiter hat eine Wanderung in Richtung auf das Schilfmeer zur Umgehung des Landes Edom, wie sie die Angaben von Num 14 25 21 4 nahelegen, außer acht gelassen. Auf Punon folgen

---

Herkunft seien, so ist das nicht richtig. Nach Ex 7 7 (P) war Aron drei Jahre älter als der achtzigjährige Mose. Starb Mose nach vierzigjähriger Wüstenwanderung im Alter von 120 Jahren (Dtn 34 7 P), dann bleibt für Aron im 40. Jahr der Wüstenwanderung kein anderes Sterbealter als 123 Jahre übrig.

12 F. V. Winnett, The Mosaic Tradition, 1949, 67. 99, setzt Kadesch mit Petra und »Hor, den Berg« mit dem dort gelegenen Nebi Harun gleich.

13 PJB 36 (1940), 18 Anm. 3. In: Das vierte Buch Mose, 212 äußert sich M. Noth dahingehend nicht.

14 J. Jeremias, Theophanie, 1965, 63, liest mit G, T° und Peschitta »mit ihm Tausende von Heiligen«, was aber schlecht in den geographischen Zusammenhang paßt. G. v. Rad, Das fünfte Buch Mose, 1964, 144, übersetzt: »und kam von ›Meribat Kadesch‹ ...«. Kadesch ist aber nie Ausgangspunkt einer Theophanie, es sei denn, Kadesch gehöre mit dem »Berg Paran« zusammen (vgl. den Zusatz in Num 12 16). Zur obigen Emendation siehe J. Wellhausen, Prolegomena zur Geschichte Israels, 1899⁵, 349; A. v. Gall, Altisraelitische Kultstätten, 1898, 34 f.; H. Gressmann, Mose und seine Zeit, 1913, 439; R. Kittel a. a. O. 533 f.; R. Kittel stellt fest: »Einer der festen Punkte der Überlieferung über die Vorzeit Israels ist nun die Kunde von seinem Aufenthalt in Qades.« (A. a. O. 565.)

Obot, Ijje ha-Abarim[15], Dibon Gad (= *dibān*) und Diblathaima[16] (Num 33 43b-46), wobei die Lokalisierung »an der Grenze Moabs« (v. 44bβ) Glosse ist. Da die Ortsangaben in Num 21 10-20 nur hinsichtlich der beiden ersten – Obot und Ijje ha-Abarim – mit Num 33 43 ff. übereinstimmen, ist eine gegenseitige Abhängigkeit unwahrscheinlich[17]. Die Angaben in Num 33 47b-48. 49b beruhen auf Num 21 20 27 12 ff. (P) und Dtn 32 48 ff. (P). Num 33 49a bildet den ursprünglichen Schluß des ganzen Verzeichnisses: »Und sie lagerten sich von Beth-Jesimoth bis Abel-Sittim«[18].

2. DIE ROUTE IN EX UND NUM (OHNE NUM 33)

Die Angaben von Ex 12 37 13 20 (L/J)[19] gehen auf Grund ihrer Formulierungen auf ein Itinerar zurück, das an die Grundlage von Num 33 erinnert und mit ihr vielleicht sogar identisch war. Demnach zogen die Israeliten von Ramses (vgl. Ex 1 11) nach Sukkoth und weiter nach Etam. Unwahrscheinlich ist, daß Ex 15 22aα (»Und Mose ließ die Israeliten vom Schilfmeer aufbrechen«) der Quellenschicht L/N angehört. Es handelt sich eher um eine redaktionelle Überleitung, die, wie der eingeschobene Hymnus Ex 15 1-18, das Meerwunder als am Schilfmeer (= Golf von Akaba) geschehen voraussetzt[20]. Die Wüste Schur (Ex 15 22aβ) ist mit der Wüste Etam in Num 33 8aβ. bα identisch. Mara und Elim (Ex 15 23. 27) werden auch in Num 33 9a hintereinander erwähnt. Von dort führte der Weg weiter in die Wüste Sin (Ex 16 1 LP) und nach einer Reihe von nicht erwähnten Stationen nach Rephidim (Ex 17 1 L/N; Num 33 12b-14a nennt als Zwischenstation Dophka und Alus), von wo man schließlich in die Wüste Sinai gelangte (Ex 19 2a L/N). Im großen und ganzen stimmt diese Route mit Num 33 5-15 überein.

---

15 Identisch mit der *chirbet ʿajj;* so M. Noth, PJB 36 (1940), 15. A. H. van Zyl a. a. O. 62 nimmt Ijje ha-Abarim auf der Nordseite des Wadi el Ḥesā östlich von er-Ruweidah an; siehe Karte a. a. O. 241.

16 Vielleicht identisch mit der *chirbet ed-deleilat esh-sherqîyeh;* so A. H. van Zyl a. a. O. 86.

17 Die Meinung M. Noths (PJB 36, 9, Anm. 3; vgl. ders., Num 21 als Glied der »Hexateuch«-Erzählung, ZAW 55 [1940/41], 161–189), Num 21 10 ff. sei ein spätes Konglomerat, ist nicht überzeugend.

18 Die beiden Orte am Rande der Arboth Moab östlich des Jordans zwischen dem Nordende des Toten Meeres und dem Wadi Nimrin sind identisch mit *tell el-ʿazēme* und *tell el-ḥammām;* so A. H. van Zyl a. a. O. 89 und 94 und M. Noth, Das vierte

Buch Mose, 171 und 212.

19 M. Noth ist wohl inkonsequent, wenn er Ex 12 37 zu P und 13 20 zu J zählt (Das zweite Buch Mose, 71 f. und 84).

20 Nicht akzeptabel ist Y. Aharonis Harmonisierung, das Schilfmeer sei der Sirbonische See (a. a. O. 179).

Der Elohist berichtet, daß Gott das Volk auf dem Wüstenweg zum Schilfmeer abbiegen ließ (Ex 13 18). Damit ist der Golf von Akaba gemeint. In der Erzählung vom Meerwunder spricht nämlich E nur vom »Meer« (Ex 14 16aβ.b. 19a. 21aα.26. 27aα.28.29)[21]. Das im Bereich von Kadesch zu lokalisierende Quellwunder findet durch einen vermutlichen Zusatz »am Horeb« statt (Ex 17 6 E)[22]. Weitere Stationen nach der Wüste Sinai – vermutlich der Quellenschicht L/N angehörend – sind: Tabera, das in Num 11 3 ätiologisch erklärt wird; Kibroth Hattaawa (mit angehängter Ätiologie in Num 11 34) und Chazeroth (Num 11 35; vgl. 33 16b-18a). Die Nennung der Wüste Paran (Num 12 16) leitet redaktionell zu dem gleichnamigen Ausgangspunkt der priesterschriftlichen Kundschaftergeschichte über (Num 13 26a ohne »nach Kadesch«). Nach P liegt Kadesch in der Wüste Zin (Num 20 1a). Diese Quellenschicht nennt als weitere Stationen »Hor, den Berg« (Num 20 22) und das Steppengebiet von Moab jenseits des Jordans bei Jericho (Num 22 1), wo Mose auf dem Abarim-Berg sterben sollte (Num 27 12 ff.; vgl. Dtn 34 1).

Die älteren Quellen erzählen die unterschiedlichen Namensätiologien von Horma (= Bann) in Num 14 39-45 (J) und in 21 1-3 (L/N). Von Kadesch, einer Stadt (sic!) am Rande des edomitischen Gebietes, sandte Mose Boten an den König von Edom, der den Durchzug verweigerte (Num 20 14-21 J). Diese Weigerung ist der Grund der sonderbaren Wanderung in Richtung auf das Schilfmeer (Num 21 4 J?; eine andere Begründung findet sich in 14 25). Nirgends wird berichtet, daß man tatsächlich ans Schilfmeer gelangte. Mirjam starb in Kadesch und wurde dort beigesetzt (Num 20 1b E).

In Num 21 10-20 (E) finden sich nach Oboth und Ijje ha-Abarim (vgl. Num 33 43b-45a) die Stationen Beer, Mattana[23], Nachaliel und Bamoth, die schließlich zum Gipfel der Pisga[24] im moabitischen Bereich führen, wo Mose starb (Dtn 34 1 JEP). Die Erwähnung von Jahza (Num 21 23), Jaeser (21 32) und Sittim (25 1; vgl. 33 49) ist in diesem Zusammenhang von keinem weiteren Belang, auch nicht die Topographie in Num 32[25].

Vergleicht man diesen Befund mit Num 33, so fällt vor allem auf, daß es schon vor den Sinaiereignissen Hinweise auf Massa und Meriba

---

21 Zur Quellenscheidung siehe unten 53 Anm. 17.

22 Ex 15 25b ist eine nach Massa weisende Ätiologie; anders H. Gese, Bemerkungen zur Sinaitradition, ZAW 79 (1967), 138, Anm. 10. Der Kampf mit den Amalekitern ist in der Gegend von Kadesch zu vermuten (Ex 17 8ff.; vgl. Gen 14 7); siehe dazu J. H. Grønbaek, Juda og den »Heilige Krieg«, DDT 25 (1962), 82–97; ders., Juda und Amalek, StTh 18 (1964), 26–45, besonders 37.

23 A. H. van Zyl a. a. O. 85 f. 121 lokalisiert Beer und Mattana bei der *chirbet el-medeiyineh* auf der Nordseite des *wādi eth-themed*.

24 Zum Lokalisierungsproblem von Pisga und Nebo siehe A. H. van Zyl a. a. O. 52 f.

25 Siehe dazu S. Mowinckel, Tetrateuch-Pentateuch-Hexateuch, 1964, 10 ff. 17 ff.

im Oasenbereich von Kadesch gibt (Ex 15 25b 17 1-7.8-16). Weiter wird ein
Einfall ohne und dann mit Erfolg von Kadesch aus nach Norden be-
richtet (Num 14 39-45 21 1-3; vgl. 14 24 und Jdc 1 10 ff.). Sonderbar ist die
Aufforderung in Num 14 25b, in Richtung auf das Schilfmeer zu ziehen.
Liegt ein Befehl zu einer Wallfahrt zum arabischen Sinai zugrunde? Das
Itinerar Num 21 10 ff. beginnt mit Oboth. M. Noth identifizierte diesen
Ort mit 'en el wēbe auf der Westseite der Araba[26]. Dies würde dafür
sprechen, daß man von Kadesch zunächst dahin gelangte und dann auf
die andere Seite der Araba und schließlich auf die östliche moabitische
Hochfläche überwechselte. Die Hauptfrage ist aber, wie die Hinweise auf
Kadesch *vor* den Sinaiereignissen zu erklären sind. Auf keinen Fall ge-
nügt die Auskunft, die Sinaiperikope sei mehr oder weniger willkürlich
in einen Kranz von Kadeschsagen eingeschoben.

3. DIE ROUTE IM DTN UND IN JDC 11

In Übereinstimmung mit Num 33 35 ist – wie bereits hervorgehoben –
die Wanderung vom Horeb (= Sinai) nach Kadesch Barnea auffallend
(Dtn 1 2.19), dem Ausgangspunkt der Kundschafter (1 22 ff.). Da das Volk
keinen Glauben an den die Landnahme im Westjordanland verheißenden
Jahwe gehabt hatte, sollte es in Richtung auf das Schilfmeer ziehen (1 40).
Ein Eindringen auf eigene Faust in das Land mißlang. Darauf folgte ein
langer Aufenthalt in Kadesch (1 41 ff.). Nach dem Aufbruch zum Schilfmeer wurde das Gebiet des Brudervolkes Edom abseits der Arabastraße
von Elat und Ezeon Geber in Richtung auf das Steppengebiet Moabs
durchzogen (2 1-8). Die Wanderung von Kadesch Barnea bis zum Bach
Sered[27] dauerte 38 Jahre. Was in dieser Zeit alles geschehen sein soll,
wird nicht gesagt. Sie diente anscheinend bloß zum Absterben der wehr-
fähigen Auszugsgeneration (2 14 ff.). Der Durchzug durch Moab und die
Berührung mit den Ammonitern verliefen friedlich (2 9 ff.). Aus der Wüste
von Kedemoth, die im Osten der moabitischen Hochebene zu suchen ist[28],
sandte Mose Boten an Sihon, den König von Hesbon. Dieser gestattete
den Durchzug nicht. Bei Jahaz wurde er daraufhin vernichtend geschlagen (2 26 ff.). Das gleiche Schicksal ereilte bei Edrei den König Og von
Basan (3 1 ff.). Mose verteilte das Land der beiden Amoriterkönige an die
Stämme Ruben, Gad und Halbmanasse (3 12 f.).

Mose sollte um der Israeliten willen auf dem Gipfel des Pisga
sterben (3 26 ff.; vgl. 34 1 ff.), nachdem er seine Rede »jenseits des Jordan,

---

[26] PJB 36 (1940), 17. 25; jetzt lehnt M. Noth diese Identifikation ab, weil sie nicht
zu dem ostjordanischen Wallfahrtsweg paßt.

[27] A. H. van Zyl a. a. O. 56 vermutet, daß der Bach Sered mit dem *wādi es-Sultāni*,
einem südöstlichen Zufluß zum *wādi el-môjib*, identisch ist.

[28] A. H. van Zyl a. a. O. 75 möchte Kedemoth mit *es-sâliyeh*, der östlichsten moabitischen Siedlung mit eisenzeitlichen Spuren, identifizieren.

in der Wüste (in der Araba), gegenüber von Suph, zwischen Paran und Tophel, Laban, Chazeroth und Dizahab« beendet hatte (1 1). Dieses Gebiet liegt östlich von Madeba[29].

In dem im Memoirenstil gehaltenen Abschnitt 9 7–10 11 stellt das Itinerar 10 6 f. einen Einschub dar. Warum wurde dieses Stück interpoliert? Voraus geht die Geschichte vom goldenen Kalb, um dessentwillen Jahwe auch Aron zürnte (9 20). Es ist anzunehmen, daß das Itinerar schon durch die Notiz über den Tod und das Begräbnis Arons (v. 6b) erweitert worden war und um des Endes Arons willen in diesen Zusammenhang eingeschaltet wurde. Der Tod Arons folgt somit auf die Anfertigung des goldenen Kalbes. Die Orte Tabera, Massa und Kibroth Hattaawa (9 22) bilden kein Itinerar, sondern sind exemplarische Stätten, an denen das Volk Jahwe erzürnte[30]. Bemerkt sei noch, daß nach 11 4 die ägyptischen Streitwagen in den Wassern des Schilfmeeres umkamen, das mit dem Golf von Akaba gleichzusetzen ist.

Zusammenfassend ist festzustellen, daß das Dtn die Wanderung vom Horeb, womit der vulkanische Sinai gemeint ist, nach Kadesch, aber auch die von Kadesch in Richtung auf das Schilfmeer kennt. Mit den Edomitern, Moabitern und Ammonitern kam es zu keinerlei Auseinandersetzungen (vgl. aber 23 4 ff.), dagegen mit den Amoriterkönigen Sihon und Og. Singulär und deswegen besonders beachtlich ist der Standort der Moserede östlich von Madeba. Dazu paßt, daß der Wanderweg abseits der Arabastraße im Osten der moabitischen Hochfläche liegt. Dieser Tatbestand hat wahrscheinlich Anlaß zu der Vorstellung gegeben, daß Edom und Moab umgangen wurden (vgl. Jdc 11 18)[31].

Die Verhandlungen Jephtas mit den Moabitern (statt Ammonitern) in Jdc 11 11b-28 stellen einen Einschub dar[32]. Wegen der Abweichungen von Num 20 f. (JE) ist mit eigenständigen Überlieferungen zu rechnen. Entsprechend Num 33 zog Israel aus Ägypten in die Wüste zum Schilfmeer und von dort nach Kadesch (11 16). Ein anscheinend längerer Aufenthalt in Kadesch wird mit der edomitischen und moabitischen Verweigerung der Durchzugsgenehmigung begründet (11 17). Von dort wird ein Zug ins südliche Ostjordanland mitgeteilt. König Sihon von Hesbon wurde in Jahaz geschlagen. Jephta erwähnte den Sinai oder Gottesberg nicht.

---

29 So M. Noth, Überlieferungsgeschichtliche Studien, I 1943, 28 Anm. 3. »In der Araba« ist in Dtn 1 1 ein Zusatz, der mit 3 29 34 6 ausgleichen will. A. H. van Zyl a. a. O. bemüht sich nicht um die Topographie dieser Orte.

30 Vgl. Num 11 1-3 Ex 25 25b 17 7 Dtn 6 16 Num 11 4-34.

31 Siehe A. H. van Zyl a. a. O. 75 und die Karte 241.

32 So H. Gressmann, Die Anfänge Israels, 1922, 226 f. Ursprünglich ging es um eine Auseinandersetzung mit den Moabitern (vgl. H. W. Hertzberg, Die Bücher Josua, Richter, Ruth, 1959², 215) A. H. van Zyl a. a. O. 14 f. nimmt ausgleichend eine ammonitisch-moabitische Koalition an.

Eine »Wallfahrt« zum Gottesberg, der durch einen Zusatz als Horeb bezeichnet wird, findet sich nur in I Reg 19 (v. 8). Demnach wanderte Elia aus der Wüste bei Beerseba in 40 Tagen und Nächten (!) zur Mosehöhle (vgl. Ex 33 22). Es ist unmöglich auszumachen, ob er etwa über Kadesch in die Gebirgsgegend westlich oder östlich des Golfes von Akaba zog. Wenn 40 auch eine runde Zahl ist, so scheidet ein heiliger Berg bei Kadesch aus, da dieses Gebiet bloß etwa 80 km ssw. von Beerseba liegt.

Vergleicht man die unter 1, 2 und 3 gewonnenen Ergebnisse in groben Zügen, so ist folgendes zu konstatieren:

1. Num 33 kennt einen Weg von Ägypten zum Schilfmeer, von dort in die Wüste Sinai und über Ezeon Geber nach Kadesch. Von hier aus erfolgte der Zug in das moabitische Gebiet.

2. a) Ex und Num kennen den Weg Ägypten–Sinai–Kadesch.

b) Num kennt eine Landnahme von Kadesch nach Norden, an der Mose nicht beteiligt war.

c) Von Kadesch verläuft die Wanderung zunächst in Richtung auf das Schilfmeer und dann um das edomitische Gebiet herum in das südliche Ostjordanland.

d) Aus Ex 15 25b und Ex 17 ist auf einen Weg von Ägypten direkt nach Kadesch zu schließen.

3. a) Das Dtn kennt den Weg Schilfmeer–Horeb–Kadesch–Ostjordanland.

b) Das Dtn kennt den vergeblichen Versuch einer Landnahme von Kadesch nach Norden.

c) Jdc 11 kennt den Weg Schilfmeer–Kadesch–Ostjordanland.

Auf Grund der schwachen Bezeugung des Weges von Ägypten direkt nach Kadesch (2 d) ist es nicht gestattet, diese Route zum alleinigen Wanderweg zu erklären, wenn auch die Kadeschsagen einen verhältnismäßig großen Raum einnehmen[33]. Es ist zu untersuchen, ob eine Gruppe diesen Weg eingeschlagen hat. Eine Wallfahrt von Kadesch zum Sinai käme vor allem für diese Gruppe in Frage[34]. Der Anfang der Route 2 c könnte dafür sprechen. Im übrigen taucht Kadesch in allen Routen auf. Wenn auch Kadesch gewiß nicht die einzige Wirkungsstätte Moses war, so ist es dennoch von vornherein sehr fragwürdig, Kadesch aus der Mosegeschichte zu eliminieren[35].

---

[33] So – um nur einige grundlegenden Arbeiten zu nennen – J. Wellhausen, Die Composition des Hexateuch, 1899³, 110; E. Meyer, Die Israeliten und ihre Nachbarstämme, 1906, 51 ff.; H. Gressmann, Mose und seine Zeit, 1913, 419 ff.; G. Hölscher, Die Profeten, 1914, 112 f.; allerdings nimmt G. Hölscher den Sinai auf der gleichnamigen Halbinsel an. E. Auerbach, Moses, 1953, 250, Thesen 5 und 6.

[34] Vgl. C. A. Simpson a. a. O. 440 ff.; O. Procksch, Theologie des Alten Testaments, 1950, 370.

[35] So M. Noth, ÜPent, 181 f. (im Gegensatz zu E. Meyer a. a. O. 51 ff.), aber auch H. H. Rowley, From Joseph to Joshua, 1950, der Mose nicht mit Kadesch verbindet.

II. Die Berufung Moses

Die Erzählung über »die Erscheinung Jahwes und die Berufung Moses«[1] in Ex 2 23aα 3 f. ist dermaßen komplex, daß sie Ansatzpunkte zu einer Reihe von Einzeluntersuchungen als Voraussetzungen zu weiteren Abhandlungen bietet, die unter den folgenden Teilüberschriften dargestellt werden sollen:

1. Der Ort und die Beziehungen zu den Midianitern,
2. Der Vatergott,
3. Aron.

Die Feststellung des Wüstenfestes macht eine eigene Abhandlung notwendig, an die sich Untersuchungen über die Plagenerzählung und das Passa anschließen. Es ließ sich nicht vermeiden, daß im Folgenden Ergebnisse des III. Kap. über »die Tradition der Wüstenfestgruppe« vorausgesetzt werden.

1. DER ORT UND DIE BEZIEHUNGEN ZU DEN MIDIANITERN

Nach der elohistischen Version (Ex 3 1bβ. 4b. 6. 9-15 4 10-17. 20b-23. 27-28. 30a) kam Mose »an den Gottesberg, zum Horeb« (3 1bβ). »Horeb« (mit He' locale) macht wie in Ex 17 6 und I Reg 19 8 den Eindruck eines Nachtrags. Auch die Bestimmung »vom Berg Horeb an« in Ex 33 6 dürfte ein Zusatz zu der Aussage sein »Und es entledigten sich die Israeliten ihres Schmuckes (vom Berg Horeb an)«. Im Dtn 1 2. 6. 19 4 10. 15 5 2 9 8 18 16 29 1 wird der Berg der Theophanie, die in Kap. 4 f. (vgl. 9 10) mit vulkanischen Zügen gezeichnet wird, Horeb genannt. Nur in dem Rahmenpsalm Dtn 33 1-5. 26-29 heißt es in v. 2: »Jahwe kam vom *Sinai* . . .« Der Redaktor wagte also nicht in »Jahwe kam vom *Horeb* . . .« zu ändern. Dies zeigt, wie eng die Verbindung Jahwes mit dem Sinai ist (vgl. Hab 3 3)[2]. In Jdc 5 4 f. und Ps 68 9 wird Jahwe זה סיני genannt. Es

---

[1] Siehe G. Fohrer, Überlieferung und Geschichte des Exodus, 1964, 24 ff. 124 f.

[2] Zu den folgenden Belegstellen siehe J. Jeremias, Theophanie, 1965, 7 ff. 63. 105 ff. 155. J. Maier macht mich aufmerksam auf D. Eshbal, Der in die Wüste getriebene Bock für Azazel (hebr.), Bet Miqra 11 (1965/66), 89–102. D. Eshbal vermutet in Azazel einen Gewittergott und weist auf Stürme aus S und SO an den Abstürzen der Wüste Juda zum Jordangraben hin. Gab es vielleicht eine judäische (jahwesierte) Gewittergottvorstellung, die mit dem Sinai verbunden war? Nach N. Walker, The Tetragrammaton: Its Origin, Meaning and Interpretation, 1948, geht »Sin-yah« auf die Identifizierung des arabischen mit dem midianitischen Mondgott zurück.

fragt sich, ob die übliche Deutung »d(ies)er vom Sinai«[3] richtig ist und
nicht die einfache Übersetzung »dieser ist der Sinai« vorzuziehen wäre,
zumal es in Ps 68 18 eindeutig heißt: »der Sinai ist im Heiligtum« (d. h.
im Tempel)[4]. Demnach wäre die Bergbezeichnung »Sinai« auch Gottesname. Andererseits hat es S. Herrmann[5] auf Grund ägyptischer Listen
aus dem 14. und 13. Jh. im sudanesischen Soleb und in Amara West, in
denen »Land der Beduinen von Seir« und »Land der Beduinen von Jhw«
in Parallele stehen, wahrscheinlich gemacht, daß sowohl »Jhw³« wie
»Seir« Bergbezeichnungen seien. Es ist jedoch die Frage zu stellen, ob
»Land der Beduinen von Jhw³« als »Land der Beduinen *des* Jhw³« zu
verstehen ist, was grammatisch möglich wäre[6]. Dabei dürfte angenommen
werden, daß »Jhw³« mit dem Berg Sinai so eng verknüpft war, daß
schließlich doch die Nomaden eines bestimmten Gebietes gemeint gewesen
wären. War »Sinai« sowohl Berg als auch Gottesbezeichnung, so ist anzunehmen, daß E[7] und Dtn (abgesehen von 33 2) diesen terminus als
»midianitisch« vermieden hätten. Dies liegt um so näher, als das Dtn
die midianitisch-kenitischen Familienbande Moses nicht erwähnt und die
Einsetzung der Obersten nicht wie in Ex 18 21 ff. auf den Schwiegervater
Moses zurückführt, der Priester Midians war und in Ex 3 1 18 1. 2. 5. 6.
9. 10. 12 (Nebenform Jeter in 4 18) Jitro genannt wird. Auch E übergeht
mit Ausnahme von Ex 18 Moses midianitische Verschwägerung, über die
sich Mirjam empörte (Num 12 1), wenn mit der Kuschitin die Midianiterin Zippora gemeint ist (vgl. Hab 3 7)[8].

---

[3] So H. Grimme, Abriß der biblisch-hebräischen Metrik, ZDMG 50 (1896), 573; W.
F. Albright, The Names Shaddai and Abram, JBL 54 (1935), 204; W. Beyerlin,
Herkunft und Geschichte der ältesten Sinaitraditionen, 1961, 117; H. R. Moeller,
Biblical Research and Old Testament Translation, The Bible Translator 13 (1962),
18. W. Gerhardt, JR., The Hebrew Israelite Weather Deity, Numen 13 (1966),
137, versteht זה als »intensive particle« und übersetzt in Jdc 5 5: »Even Sinai
(streamed) before Yahweh«.

[4] Die lectio difficilior ist m. E. der vorgeschlagenen Lesung in BHK »Er kam vom
Sinai« vorzuziehen, wie sie neuerdings E. Vogt, »Die Wagen Gottes, zehntausend-
fach, Tausende šin'an« (Ps 68 18)?, Bibl 46 (1965), 462, vertritt.

[5] Der alttestamentliche Gottesname, EvTH 26 (1966), 281–293.

[6] So S. Herrmann a. a. O. 289.

[7] Stammt E aus dem Nordreich (so O. Procksch, Das nordhebräische Sagenbuch. Die
Elohimquelle, 1906; A. W. Jenks, The Elohist and North Israelite Tradition,
HThR 58 [1965], 455), so könnten die Namen »Sinai« und – allerdings nicht
ausschließlich – »Jahwe« vermieden worden sein, da beide im Jerusalemer Kult
eine große Rolle spielten.

[8] So neuerdings J. Jeremias a. a. O. 40 und 49, der Hab 3 7 übersetzt: »In Unruhe
geraten die Zelte Kuschans, es erschrecken die Zeltdecken Midians.« M. Noth, Das
vierte Buch Mose, 84, ist nicht der Meinung, daß Zippora mit der Kuschitin identisch sei. Die Frage ist, wie viele ausländische Frauen Mose hatte. Nach F. V. Winnett

»Horeb« ist in E – sekundäre – Bezeichnung eines Gottesberges, auf dem sich die Theophanie nicht mit vulkanischen oder gewittrigen Begleiterscheinungen vollzog. Für seine Lage ist der Bereich von Kadesch anzunehmen, da das dortige Quellwunder »am Horeb« lokalisiert werden konnte (Ex 17 6)[9]. Sicherlich ist die von E überlieferte Vorstellung des Gottesberges als des Wohnortes Gottes sehr alt (Ex 19 2b-3a 24 12), weil in dieser Quellenschicht Gott sonst im Himmel und nicht auf einem Berg wohnt (Gen 20 3.6 21 17 28 12 31 11). Nach Ex 3 4b (E) ruft Gott Mose »mitten aus dem Dornbusch« an. Man könnte vermuten, daß E die Vorstellung des »Dornbuschbewohners« (Dtn 33 16) kannte. Mit G. Fohrer[10] ist aber anzunehmen, daß »mitten aus dem Dornbusch« eine Glosse ist, die m. E. darauf beruht, daß nach Ex 3 2 (J) der Engel Jahwes »in einer Feuerflamme mitten im Dornbusch« erschien.

Der Ort der Berufung ist somit nach E ein nichtvulkanischer Gottesberg, vermutlich bei Kadesch gelegen. Es ist noch darzulegen, daß dort die Moseschar mit der aronitischen Wüstenfestgruppe zusammentraf, die wohl einen Gott oder mehrere Götter der Väter verehrte (vgl. Ex 3 6). Die Begegnung Moses mit Aron am Gottesberg (Ex 4 14.17-28.30a; vgl. 18 12) wäre demnach eine in die Berufungsgeschichte Moses verlegte Projektion dieses Zusammentreffens. Der spätere gemeinsame Kult auf diesem Berg ist als Zeichen vorweggenommen (Ex 3 12). Die Kundgabe des Jahwenamens, der eigentlich mit dem Sinai verbunden ist, findet nach E am Gottesberg statt (Ex 3 13-15). Dabei machen die v. 13 und 15 einen über-

---

a. a. O. 66 wären es zwei gewesen: eine Tochter Jitros (= Midianiterin) und eine Tochter des Keniters Hobab (= Kuschitin). Diese Erklärung ist originell, aber nicht überzeugend.

[9] Beachtenswert ist die Ansicht A. v. Galls (»Altisraelitische Kultstätten«, [1898], 14–22), der Sinai läge in Arabien, der Horeb hingegen auf der Sinaihalbinsel; abwandernde kenitische Stämme hätten den Jahwekult vom Sinai dorthin verpflanzt. O. Eissfeldt, Die ältesten Traditionen Israels, 1950, 54 f. 96, wendet gegen C. A. Simpson ein, daß zur Ansetzung des Horeb auf der Westhälfte der Sinaihalbinsel die Quellen nicht ausreichten. Auch eine Lokalisierung des Gottesberges bei Kadesch ruhe auf schwachen Füßen. E. Meyer a. a. O. setzt den Dornbusch bei Kadesch an und meint: »Der Kultus der im Dornstrauch wohnenden Gottheit von Qadeš« sei »eine Filiale des Kultes des Sinaigottes in Midian«. E. Auerbach, Moses, 1953, 170, findet den »Feuerberg« Sinai im midianitischen Bereich östlich des Golfes von Akaba, den Gottesberg – wie E. Meyer – bei Kadesch. Nicht überzeugend ist allerdings E. Auerbachs Interpretation, daß »hinter der Wüste« (Ex 3 1) von Midian aus gesehen die Oasen von Kadesch meine (S. 31). Die Übersetzungen von Sinai mit »Berg des Dornstrauchs«, »Dornenberg«, »spitziger Berg« und von Horeb mit »Schwertfels« sind wohl nicht mehr als geistreiche Spielereien. Die Ansicht von P. Volz, Mose und sein Werk, 1932², 59, Ex 3 1 beweise keinen Zusammenhang der Midianiter mit dem Sinai, gilt m. E. in ihrer Umkehrung. Zur Keniterhypothese siehe H. H. Rowley a. a. O. 153 ff. und K.-H. Bernhardt a. a. O. 125 ff.

[10] A. a. O. 38.

füllten Eindruck. M. Noth[11] und G. Fohrer[12] sehen in v. 14, in dem Jahwe
mit Hilfe des Verbums *hjh* volksetymologisch erklärt wird[13], einen Zusatz. Trifft dies zu, dann wäre »noch« in v. 15 sekundär. Die Aussage von
v. 15b: »Dies ist mein Name für immer und mein (kultisches) Gedächtnis[14]
für Geschlecht um Geschlecht«, hängt letztlich wohl damit zusammen, daß
der Kult der aronitischen Wüstenfestgruppe, der Jahwe wohl nicht ganz
unbekannt war, jahwesiert wurde.

Nach diesen Ausführungen über die elohistische Lokalisierung ist zu
untersuchen, wo Mose nach der jahwistischen Schicht (Ex 2 23aα 3 1abα.
2-4a. 5. 7-8.16- 22 4 18.29. 31b) berufen wurde. Spielt der Dornbusch (*senæ*) auf
den Sinai in Nordwestarabien an? In neuerer Zeit bejaht G. Fohrer[15]
diese Frage, M. Noth[16] verneint sie, hält es aber doch für möglich, daß
nachträglich aus *senæ* eine Anspielung auf den Sinai herausgehört und die
Berufung sekundär an diesen Berg verlegt wurde[17]. Tatsächlich wäre es
auf Grund des Dornbusches allein schwer auszumachen, wo Mose berufen
wurde. Da er aber ins Land Midian geflohen war (Ex 2 15aα) und das
Kleinvieh seines Schwiegervaters Jitro, des Priesters Midians, über die
übliche Weidetrift hinaus hütete, bleibt nichts anderes übrig, als daß *senæ*
volksetymologisch auf den Sinai anspielt, der im midianitischen Bereich
östlich des Golfes von Akaba lag[18]. Mose nahm denn auch Urlaub von

---

11 ATD 5 1959, 30.   12 A. a. O. 43.
13 Die etymologischen Erklärungsversuche setzen voraus, daß JHWH ein semitisches
   Wort ist. Wenn es aber bloß ein semitisierter Name ist? Zu der von G. Fohrer
   a. a. O. 42 f. angegebenen neueren Literatur über das Tetragramm siehe noch K.
   T. Andersen, Der Gott meines Vaters, StTh 16 (1962), 178–188; J. Lindblom, Noch
   einmal die Deutung des Jahwenamens in Ex 3 14, ASThI 3 (1964), 4-15; M. Haran,
   The Religion of the Patriarchs, ASThI (1965), 35 ff.; S. Herrmann a. a. O.; H.
   Seebass, Der Erzvater Israel, 1966. Als Kuriosum u. a. W. Weidmüller, Der rätsel-
   hafte Gottesname »JHWH«, Archiv für Geschichte des Buchwesens 6 (1966), 2-11.
14 W. Schottroff, Die Wurzel ZKR im Alten Testament, Diss. Mainz 1964, 295 ff.,
   weist darauf hin, daß זֵכֶר den im Kult ausgesprochenen Namen meint.
15 A. a. O. 34; vgl. H. Gressmann a. a. O. 24 und E. Auerbach a. a. O. 268.
16 Das zweite Buch Mose, 1959, 27; vgl. M. A. Beek, Der Dornbusch als Wohnsitz
   Gottes (Deut XXXIII 16), OTS 14 (1965), 159.
17 Die Grenzen überlieferungsgeschichtlicher Möglichkeiten überschreitet wohl A. H.
   J. Gunneweg, Mose in Midian, ZThK 61 (1964), 1–9, wenn er darlegt, daß der
   »Dornbuschbewohner« in Dtn 33 16 einem kanaanäischen Fruchtbarkeitssegen ent-
   stamme und dann mit Jahwe gleichgesetzt wurde. In Ex 3 2 ff. sei der Dornbusch
   ein nach Midian transportierter Ersatz des Sinai.
18 Es ist nicht einzusehen, warum – so H. Seebass a. a. O. 84 – Mose erst nach dem
   Exodus in Beziehung zu Jahwe und seinem Hauptkultort, dem Sinai, getreten sein
   soll. H. Seebass selbst spricht davon, daß nicht nur Mose, sondern die Mosegruppe
   verwandtschaftliche Beziehungen zu den Midianitern hatte. Es erübrigt sich dann
   m. E. die auf Grund des sekundären Rahmens Ex 15 20-21a fragwürdige erstmalige
   Deutung des Meerwunders durch Mirjam als eine Jahwetat (a. a. O. 84 f.).

seinem Schwiegervater Jeter (= Jitro) und kehrte allein nach Ägypten zurück, wo die Ältesten auf ihn hörten (Ex 4 18. 29a. 30b; vgl. 3 18a). Seine Frau blieb demnach bei ihrem Vater, mit dem Mose nach dem Exodus wieder zusammentraf (Ex 18 JE; Num 10 29 J/L = N). Eine ältere Variante dazu stellt Ex 4 19-20a (L/N) dar[19]. Jahwe befahl Mose in Midian – also im Bereich östlich des Golfes von Akaba –, nach Ägypten zurückzukehren, da die Männer, die ihm nach dem Leben trachteten – es ist hier nicht wie in Ex 2 23aα (J) vom ägyptischen König die Rede –, tot seien. Mose zog mit seiner Frau und seinem Sohn – der Plural »und seinen Söhnen« ist eine Harmonisierung mit Ex 18 3 f. – nach Ägypten, hat sich also von Jitro getrennt, vielleicht fluchtartig, wie es bei Jakob der Fall war (vgl. Gen 31 17 ff.).

Eigenartig ist, daß der von Jahwe Beauftragte sogleich von demselben Gott überfallen wird (Ex 4 24-26 L/N)[20]. Die Perikope kann nicht als Bewährungsprobe Moses verstanden werden, da diese dann Zippora bestanden hätte. Diese Überlegung spricht dafür, daß Ex 4 24-26 einmal vor dem Jahwebefehl in Ex 4 19-20a seinen Platz hatte. Die Beschneidungsszene Ex 4 24-26 läßt eine enge Verquickung Moses mit dem midianitischen Kult erkennen. J. Morgenstern übersetzt und interpretiert zugleich den schwierigen Abschnitt folgendermaßen:

"Now upon the journey, at the circumcision, Yahweh attacked him (the child) and sought to kill him. And Zippora took a flint stone and cut off the foreskin of her son and touched (with it) his (the child's) legs and said, 'Surely, one related by blood (of circumcision) art thou to me'. So He (Yahweh) withdrew from him (the child). On that occasion she (the mother) said (for the first time) 'One related by blood' ... at circumcision[21]."

Diese Deutung, zum Teil auch die Übersetzung, sind nicht überzeugend. Die »Übernachtungsstätte« kann kaum mit »at the circumcision« wiedergegeben werden. Vor allem ist es unmöglich, im Sohn allein das Objekt der Bedrohung und aller Handlungen zu sehen. Da das Kind ohnehin mit der Mutter »related by blood« ist – es ist ihr »Fleisch und Bein« (vgl. Gen 29 14) –, bedarf es zur Begründung der Blutsgemeinschaft keiner Beschneidung. Wenn die Übersetzung »One related by blood« möglich sein sollte, so ist erst recht die Wiedergabe mit »Blutbräutigam« gerechtfertigt, zumal aus Gen 34 8 ff. der Zusammenhang von Hochzeit und Beschneidung deutlich hervorgeht. Es ist m. E. das Wahrscheinlichste,

---

19 J. Maier (brieflich) rechnet Ex 4 20b zu L/N und schließt daraus, daß Mose den midianitischen »Gottesstab« mitnahm und deswegen von Jahwe überfallen wurde (Ex 4 24-26). V. 20b kann aber zusammen mit 4 17 E angehören; außerdem war 4 24-26 ursprünglich kaum die Fortsetzung von 4 19-20a (b).

20 Siehe meinen Aufsatz »Mose, der Blutbräutigam«, Judaica 22 (1966), 113–118.

21 The »Bloody Husband« (?) (Ex 4 24-26) Once again, HUCA 34 (1963), 69. Diese Untersuchung war mir bei der Abfassung meines Aufsatzes nicht zugänglich.

daß eine midianitische Legende von der Beschneidung in der Hochzeits-
nacht auf Zippora und Mose bezogen wurde und nun in einem anderen
Zusammenhang erscheint. Der Kern des Textes wäre dann gewesen: »Und
es geschah unterwegs an der Übernachtungsstätte, da überfiel ihn (= Mose)
Jahwe und suchte ihn zu töten (v. 24). Und Zippora nahm einen
Stein und schnitt die Vorhaut (Moses) ab...und sprach: ›Ein Blutbräutigam bist du mir‹ (v. 25). Und er ließ von ihr ab. Damals sagte sie: ›Blutbräutigam‹ hinsichtlich des Beschneidungsaktes« (v. 26). Mose war damit
bei den Midianitern kultfähig geworden. Die Übernahme der Legende
setzt Beziehungen zu den Midianitern voraus. Im jetzigen, sicherlich nicht
ursprünglichen Zusammenhang mit dem Aufbruch nach Ägypten
(Ex 4 19-20a) wird zwar Mose bedroht, jedoch wird an seiner Stelle das
Kind von der Mutter beschnitten. Die Vorstellung der Kinderbeschnei-
dung spielt herein, doch ist der Skopus nicht die Begründung derselben,
sondern die Erklärung der Bezeichnung »Blutbräutigam«[22]. Die familiären
und kultischen Verflechtungen Moses mit den Midianitern sind dermaßen
mannigfaltig und unerfindlich[23], daß er nicht aus diesem Bereich herausgelöst werden kann[24]. Das »Land Midian« (Ex 2 15bα), in das Jitro vom
Gottesberg (bei Kadesch) zurückkehren wollte (Ex 18 27 E; Num 10 30 J),
lag östlich des Südendes des Golfes von Akaba[25]. Von dort war Mose als
Hirte bis zum Sinai gelangt, auf den der Dornbusch volksetymologisch
anspielt.

    H. Gressmann[26] hat mit guten Gründen in der jahwistisch-elohisti-
schen Berufungsgeschichte eine vormosaische Entdeckersage (Ex 3 1-6) und
eine israelitische Berufungssage (v. 7 ff.) nachgewiesen. In der durch
Ex 2 23aα[27] eingeleiteten jahwistischen Schicht (3 1a. bα. 2-4a. 5) wird deutlich,
daß Mose eine heilige Stätte – »heiligen Boden« (v. 5) – entdeckte. Es
handelte sich um einen Kultort, zu dem man, da er über den üblichen
Weidebereich der Kleintiere der »Verwandtschaft« (vgl. Num 10 30 J)
Jitros hinaus lag, Wallfahrten unternahm[28].

---

[22] Zur Beschneidung im allgemeinen siehe J. M. Sasson, Circumcision in the Ancient
   Near East, JBL 85 (1966), 473–476.

[23] C. A. Simpsons (a. a. O. 430) Meinung, Moses Frau symbolisiere die Sinai-Religion,
   ist nicht akzeptabel.

[24] M. E. ist die Anwesenheit Moses beim Auszug aus Ägypten weniger sicher bezeugt
   als bei den Midianitern. So auch H. Gese, Bemerkungen zu Sinaitradition, ZAW 79
   (1967), 143.

[25] Siehe dazu M. Noth, Das zweite Buch Mose, 20.

[26] A. a. O. 30 ff.; ders., Die Anfänge Israels, 1922, 29 ff. Gegen eine Quellenscheidung
   wendet sich N. Habel, The Form and Significance of the Call Narratives, ZAW 77
   (1965), 301 ff.

[27] So auch G. Fohrer a. a. O. 30 ff. gegen M. Noth a. a. O. 22 f., der Ex 2 23aα
   jetzt E zuweist; anders in ÜPent 31.

Ex 3 7-8. 16-22 enthält die jahwistische Version der Beauftragung Moses, die unverkennbar zwei Traditionen in sich schließt:

a) Jahwe, der das Elend seines Volkes in Ägypten gesehen hat, kündigt Mose Exodus und Eisodus an und beauftragt ihn, den Ältesten Israels diesen Entschluß Jahwes anzusagen (v. 7-8. 16-18a).

b) Jahwe befiehlt Mose, mit den Ältesten den ägyptischen König aufzusuchen und die Entlassung zu einem Opferfest in der Wüste zu fordern (v. 18b). Die v. 19-22 spielen bereits auf die mit dem Wüstenfest zusammenhängenden Plagen und die endgültige Entlassung an[29].

Über b ist im III. Kap. (S. 39 ff.) ausführlich zu handeln; a gehört nicht mehr zur Entdeckersage, für die eine midianitische Vorlage anzunehmen ist. Nach dem von C. A. Keller[30] herausgearbeiteten Schema wäre die Inauguration des Kultes zu erwarten. Eine Spur davon findet sich vielleicht in der von E überlieferten Voraussage auf den Kult, der allerdings auf dem Gottesberg und nicht auf dem Sinai stattfinden wird, und in der Bekanntgabe des Jahwenamens, der mit dem Sinai eng verbunden ist (3 12-15)[31].

In der jahwistischen Schicht ist Jahwe das Subjekt sowohl des Exodus als auch des Eisodus. Mose hätte letzteres auch gar nicht sein können, da er beim Einzug in das Westjordanland nicht beteiligt war. Bei E wird Mose deswegen nur mit der Herausführung aus Ägypten beauftragt (Ex 3 9 ff.). Die Hineinführung übernimmt ein Engel (Ex 23 30 E).

2. DER VATERGOTT

A. Alt hat im Hinblick auf Ex 3 6 (E) darauf hingewiesen, daß »es hinterher nicht der Mitteilung eines neuen Namens für ihn« bedurfte, »wenn sich der Mose erscheinende Gott sogleich in seinem ersten Wort selbst als den Gott Abrahams, Isaaks und Jakobs bezeichnete ... Moses Erwartung, seine Volksgenossen würden nach dem Namen des ihn be-

---

[28] Wallfahrten wären an und für sich nicht unbedingt eine Rationalisierung; gegen R. Smend, Jahwekrieg und Stämmebund, 1963, 83.

[29] Entstand J im Südreich – so neuerdings E. Sellin – G. Fohrer, Einleitung in das Alte Testament, 1965[10], 165 f. 172 f. –, dann wurden wohl bewußt zur Unterstreichung gesamtisraelitischer Ansprüche beide Traditionen miteinander vereinigt.

[30] Über einige Heiligtumslegenden, ZAW 67 (1955), 141–168; 68 (1956), 85–97. Wahrscheinlich handelt es sich bei dem vermuteten midianitischen Heros um den Abraham- und Keturasohn Midian (Gen. 25 1 f.), der von Mose verdrängt worden wäre; oder besser: In israelitischen Kreisen, die mit Midianitern Beziehungen hatten (vgl. Num 25 6 ff.), wurde die Legende auf Mose bezogen und zum Hintergrund seiner Berufung gemacht. Man kann vermuten, daß hinter der Ausgestaltung von Ex 4 24-26 Midianiter, hinter der von Ex 3 f. Israeliten standen.

[31] E. Kutsch, Gideons Beauftragung und Altarbau Jdc 6 11-24, ThLZ 81 (1956), 89 f., stellt die Entsprechungen zwischen Ex 3 10-12 Jdc 6 11 ff. und Jer 1 5 ff. heraus.

auftragenden Gottes fragen, wenn er zu ihnen mit der Botschaft käme: ›Der Gott eurer Väter hat mich zu euch gesandt‹ (v. 13), ist ein Widerspruch in sich selbst. Zum Ausgleich dieser Spannung geschieht in der Erzählung nichts; die Nennung des Gottes Abrahams, Isaaks und Jakobs am Anfang des Ganzen wirkt sich weiterhin nicht aus, und es ist ein deutliches Anzeichen für die Fremdheit dieses Elements, daß man es völlig ausscheiden und dann immer noch aus dem verbleibenden Textbestand einen in sich geschlossenen Erzählungsablauf rekonstruieren kann[32].« M. Noth[33] klammert »der Gott Abrahams, Isaaks und Jakobs« in 3 16 (J) als Zusatz ein. Auch »der Gott Abrahams, der Gott Isaaks und der Gott Jakobs« in v. 6 und vielleicht sogar in v. 15 sind sekundär. Primär ist wohl nur »der Gott deines (Moses) Vaters« (v. 6), der dann wegen des sippenmäßigen Zusammenhangs der hebräischen »Brüder« (Ex 2 11) auch »der Gott eurer Väter« (v. 13.15 E; v. 16 J) genannt werden kann[34]. Bedenkt man, daß die in der Priesterschrift überlieferte Mutter Moses, Jokebed (Ex 6 20), einen jahwe-haltigen Namen trägt, so könnte man mit J. Ph. Hyatt[35] in Jahwe den Familiengott Moses sehen. Auf diese Weise

---

[32] Der Gott der Väter, 1929 = Kleine Schriften zur Geschichte des Volkes Israel, I 1953, 11 f. Ein Nachtrag A. Alts findet sich in PJB 36 (1940), 100–103. Zu A. Alts Aufsatz nahm ausführlich Stellung C. Steuernagel, Jahwe und die Vätergötter, in: Festschrift G. Beer, 1935, 62–71. Als eine Voraussetzung für A. Alts These siehe K. Galling, Die Erwählungstraditionen Israels, 1928, 5 ff.

[33] Das zweite Buch Mose, 17.

[34] Es ist zu erwägen, ob durch die *Formulierung* »Vatergott« eine persönliche In-Beziehung-Setzung erreicht werden soll, wie sie neuerdings wieder H. Hirsch, Gott der Väter, AfO 21 (1966), 56–58, bei Anrufungen der Gottheit Assur nachgewiesen hat. Siehe auch H. Seebass a. a. O. 50 Anm. 188 f. 52, der 53 zusammenfassend feststellt: »Die Vätergötter der Genesis waren ursprünglich namenlose Sippengötter . . ., die je der Abraham-, Isaak-, Jakob- und Israelsippe zugeordnet waren. Durch die Verknüpfung der Erzväter miteinander entstanden die Verbindungen Gott Abrahams, Gott Isaaks usw. Ihre Bedeutung erhielten sie dadurch, daß sie von der je zugeordneten Sippe einst mit dem El der Heiligtümer Sichem, Bethel und Beerseba identifiziert worden waren. Der alte Titel blieb so weiter verwendbar, und dem Wesen des Gottes El vermittelten sie ein Stück ihres eigenen Wesens.« In Ex 3 6 15 2 18 4 ist nach H. Seebass a. a. O. 54 die Vatergottüberlieferung ursprünglich. Er schießt aber über das Ziel hinaus, wenn er mit K. T. Andersen, Der Gott meines Vaters, StTH 16 (1963), 188, meint, daß der von Jitro vollzogene Kult ursprünglich nicht Jahwe, sondern dem Gott des Vaters galt (Ex 18 4 ist Zusatz!) und erst die Prophetin Mirjam nach Ex 15 20 f. – die Einleitung v. 20-21 a ist sekundär – im Meerwunder das Handeln Jahwes erkannt haben sollte (50 f.). M. E. ist die These von H. Seebass dahingehend zu korrigieren, daß die Wüstenfestgruppe hauptsächlich Vatergötter verehrte; durch das der Mirjam, die zu dieser Gruppe gehörte, in den Mund gelegte Lied (Ex 15 21 b), wird die Anerkennung Jahwes durch diese Gruppe bekundet.

[35] Yahweh as »the God of my Father«, VT 5 (1955), 130–136.

wird aber wohl die Berufungserzählung überinterpretiert, ganz davon abgesehen, daß die vormosaischen Leviten kaum ausschließlich Jahweverehrer waren. Der Jahwist spricht im Rahmen der Wüstenfesttradition sehr geschickt von »Jahwe, dem Gott der Hebräer« (Ex 3 18 5 3 7 16 9 1. 13 10 3) und bekundet damit, daß er es verstand, gegenüber dem ägyptischen König eine passende Götterbezeichnung aufzugreifen, die außerbiblisch bezeugt ist[36] und durch die Gleichsetzung mit Jahwe singularisiert wurde. Aus diesem Tatbestand können kaum weitreichende religionsgeschichtliche Folgerungen abgeleitet werden.

Bestanden die Elemente der oben vermuteten midianitischen Heiligtumslegende aus der Gotteserscheinung an einer bestimmten Stätte, aus der Bekanntgabe des Jahwenamens, der vielleicht erfragt wurde, und der Einsetzung des Kultes, so bot das zweite Element eine günstige Gelegenheit, den Vatergott oder die Vätergötter mit Jahwe gleichzusetzen. Die Frage, ob Mose selbst diese Gleichsetzung vollzogen hat, ist nicht leicht zu beantworten[37]. H. Seebass hat es wahrscheinlich gemacht, »daß Abraham und Isaak Väter Israels wurden, als Jahwe der Gott Israels wurde«[38]. Als Ort der ersten Vereinigung von Vatergottheiten mit Jahwe kommt m. E. vor allem Kadesch, wo der Gottesberg lag, in Frage, und zwar aus zwei Gründen:

a) dort traf, wie noch auszuführen ist (81 ff.), die Moseschar auf die aronitische Wüstenfestgruppe, die wohl hauptsächlich Vätergötter verehrte, wenn auch Jahwe nicht gänzlich unbekannt war;

b) dort lag der Bereich der Abraham- und Isaaksippen (Gen 16 14 20 1)[39], deren Vätergötter vielleicht auch von der Wüstenfestgruppe anerkannt worden waren, zumal sich wohl alle diese Gruppen verwandt fühlten.

Gehörte die Verheißung des Landbesitzes zur Väterreligion, so könnte die von Kadesch aus versuchte Landnahme nach Norden durch den Gott Abrahams angeregt worden sein, zumal dieser Patriarch in Mamre-Hebron geweilt hatte[40]. In diese Gegend kamen die Kundschafter

---

36 Zu den »ilāni Ḫabiru« siehe H. Gressmann, Mose und seine Zeit, 1913, 425 f., und H. H. Rowley a. a. O. 52 Anm. 9.

37 Im positiven Sinn äußert sich O. Eissfeldt, Jahwe, der Gott der Väter, ThLZ 88 (1963), 481–490. Moses Landnahme im südlichen Ostjordanland, das keinem Erzvater verheißen worden war, erweckt allerdings den Eindruck, als habe sich Mose nicht (mehr) an die Väterverheißung gehalten.

38 A. a. O. 106 f.

39 So H. Seebass a. a. O. 77 ff.

40 Vgl. Gen 18; Isaak in Beerseba (Gen 26 12 ff.). Dies schließt nicht aus – obgleich es m. E. sehr fraglich ist –, daß der Jahwe vom Sinai eine militärisch-politische Landnahme verheißen hat, wie O. Eissfeldt, Das Gesetz ist zwischeneingekommen. Ein Beitrag zur Analyse der Sinai-Erzählung Ex 19–34, ThLZ 91 (1966), 1–6, herausgearbeitet hat. Es fragt sich allerdings, ob Ex 24 13 a. 14. 15 a 34 10-13. 15-16

(Num 13 22-34 JE). Mose zog jedoch in das südliche Ostjordanland, wo sich keine Erzväter aufgehalten hatten. Jos 24 14 gibt gewiß einen zutreffenden Tatbestand wieder, wenn es heißt, daß die Vorfahren in Ägypten »Göttern« gedient hätten. Am ehesten ist dabei an Vätergötter zu denken, die die sich als »Brüder« verstehenden (israelitischen) Hebräer[41] gemeinsam hatten. Diese Götter wurden durch die Gleichsetzung mit Jahwe singularisiert. Soziologisch gesehen bestand dieser Vorgang darin, daß Gruppen mit verschiedenen Vatergottheiten in das »Volk Jahwes«, dessen Repräsentant Mose war, eingegliedert wurden, wobei dieses Traditionen der »Väter« und ihrer Götter übernahm[42].

3. ARON

In diesem Unterabschnitt geht es nicht um den ganzen mit Aron und den Aroniden zusammenhängenden Problemkreis, auch sollen die sich auf ihn beziehenden Aussagen der Priesterschrift unberücksichtigt bleiben[43]. Es ist hauptsächlich das Verhältnis Arons zu Mose in dem elohistischen Text Ex 4 13-16. 27-28. 30a zu untersuchen. H. Holzinger hält 4 14aβ-16 für redaktionell; in den jehovistischen v. 27-31 sei Aron nachgetragen, dessen »Entgegenkommen ... bis an den Berg Gottes soll ihn natürlich an Bedeutung dem Mose möglichst nähern«[44]. M. Noth[45] sieht in 4 13-16 einen überlieferungsgeschichtlichen, vermutlich sogar literarischen Zuwachs innerhalb des jahwistischen Erzählungswerkes; auch die v. 17-28 seien sekundär. M. Noth bemerkt noch, »daß die nachträgliche Einführung Arons nicht einer systematischen und genau überlegten Redaktion verdankt wird, sondern daß Aron je nach Gelegenheit in die ältere Mose-Erzählung einbezogen und Mose an die Seite gestellt worden ist«[46]. G. Fohrer, der 4 10-16 (17) für überfüllt hält, scheidet die v. 11-13a aus und ändert v. 15 in: »Du sollst zu ihm reden und ihm die Worte in den Mund legen. Und ich will ... mit seinem Munde sein ...[47].« Er erkennt aber »keinen zureichenden Grund dafür, die den Aron erwähnenden Verse

---

32 17-18. 25-29 einen »Faden« in dieser Reihenfolge bildet. Außerdem wäre der Sitz dieser Überlieferung eher der Gottesberg bei Kadesch als der Sinai in Nordwestarabien.

41 Das Problem der Hebräer braucht hier nicht erörtert zu werden. Siehe dazu J. Bottéro, Le Problème des Ḫabiru, 1954, und R. Borger, Das Problem der ʿapîru (»Habiru«), ZDPV 73 (1959).

42 Siehe H. Seebass a. a. O. 76 ff. 102 ff.

43 Bemerkenswerte Hinweise finden sich bei H. Seebass, Mose und Aaron, Sinai und Gottesberg, 1962, 25 f.

44 Exodus, 1900, XV. 9 f. 17.

45 Das zweite Buch Mose, 32 f. 36 f.

46 A. a. O. 37.   47 A. a. O. 41.

als sekundär zu bezeichnen«[48]. M. Noth dürfte darin recht haben, daß das Auftreten Arons überlieferungsgeschichtlich sekundär ist. In Ex 5 und in der mit diesem Kap. zusammenhängenden Plagenerzählung ist Aron – von P abgesehen – jeweils ein Nachtrag. In der Erzählung vom Meerwunder fehlt er vollkommen; nur in der sekundären Einleitung zu dem kurzen Hymnus in Ex 15 20 f. wird er als Bruder Mirjams erwähnt.

Ausgeschlossen ist, daß Aron aus der Priesterschrift (Ex 6 1-12 7 1-6) in die Berufungserzählung Moses eingetragen wurde. Nach dieser Schicht, die Midian meidet (Num 31 ist sekundär), wurde Mose in Ägypten berufen. Beim Elohisten traf er mit Aron am Gottesberg zusammen, den Mose noch nicht verlassen hatte (Ex 4 27 f.)[49]. Durch den vermutlichen Zusatz »dort ist der Gottesberg« (Ex 18 5) wird die Begegnung Jitros mit Aron und den Ältesten Israels ebenfalls dort lokalisiert (Ex 18 12). Unwahrscheinlich ist auch, daß Aron aus dieser Stelle oder aus Ex 17 10. 12 in Ex 4 nachgetragen wurde. Welche Gründe hatte der Elohist oder seine Vorlage dafür, Aron dem Mose zuzuordnen? Sicherlich soll damit nicht seine Bedeutung an die des Mose herangerückt werden, da er ja diesem untergeordnet wird. Mit Recht sieht H. Seebass in Aron den Repräsentanten eines ursprünglich fremden Glaubens, den man »nur so aufnehmen konnte, daß man dessen sakralen Vertreter aufs schärfste an M. band, ohne seine Notwendigkeit für die sakralen Grundlagen zu leugnen[50].« Die Unterordnung läßt auf eine ursprüngliche Eigenständigkeit schließen. Im Hintergrund von Ex 4 14-16. 27-28. 30a steht m. E. – wie noch ausgeführt werden muß – die Vereinigung der aronitischen Wüstenfestgruppe mit der Mosegruppe am Gottesberg in der Nähe von Kadesch. Wenn Aron als Bruder Moses bezeichnet wird (Ex 4 14), so könnte dies damit zusammenhängen, daß beide aus einem, wenn auch nicht demselben, levitischen Hause stammten. Auf keinen Fall waren beide Geschwister. In Ex 15 20 wird Mirjam nämlich als Schwester Arons, nicht aber als Schwester Moses bezeichnet. Wäre Mose ihr Bruder gewesen, so hätte er auf Grund des Zusammenhangs erwähnt werden müssen. Wären Mose und Aron Söhne levitischer Eltern gewesen, so hätte letzterer Mose nicht eigens als Levit vorgestellt zu werden brauchen. Nach H. Seebass zeigt die Bruderbezeichnung in Ex 4 14 »mit aller Deutlichkeit..., daß beide Volksgemeinden zu einem Volk zusammengewachsen sind und so ›Brüder‹ wurden«[51].

Arons Titel »der Levit« ist noch zu untersuchen. M. Noth hält Ex 4 14 für »die einzige Stelle im vorpriesterschriftlichen Erzählungsbestand, in der Aron ausdrücklich als Bruder Moses und außerdem als

---

[48] A. a. O. 41.
[49] Arons Grab im Mosera (Dtn 10 6) = Moseroth (Num 33 30 b. 31 a) zwischen dem Sinai und Kadesch spricht dafür, daß Aron auch Beziehungen zum Sinai hatte.
[50] A. a. O. 23.　　　　[51] A. a. O. 28.

›der Levit‹, und d. h. in diesem Zusammenhang offenbar als ›der Priester‹,
bezeichnet und ihm damit schon die verwandtschaftliche und amtliche
Stellung zugewiesen wird, in der Aron dann bei P seine wichtige Rolle
spielen sollte«[51]. »Der Levit« sei nicht Stammes-, sondern priesterliche
Standesbezeichnung[52]. A. H. J. Gunneweg will dies auf Grund seiner
Levitenthese bestreiten, kommt aber M. Noth doch sehr nahe, wenn er
ausführt: »Ex 4 14 beansprucht Aaron (die aaronidische Priesterschaft)
eben diese levitische Würde für sich und behauptet, für sein Teil die
Nachfolge Moses angetreten zu haben und, nunmehr selbst ein Levit, an
Moses Statt zu stehen. Insofern ist Ex 4 14 das Gegenstück zu Dt 33 10b:
hier erhebt Levi den Anspruch auf priesterliche Würde; in Ex 4 14 tritt
das aaronidische Priestertum mit dem Anspruch auf levitische Funktionen
auf. Es zeigt sich hier, daß Leviten- und Priestertum, obwohl unterschiedliche Phänomene, sich wenigstens dem Anspruch nach überschneiden
können[53].« Fraglich ist m. E., warum die aronidischen Priester[54] ausge-
rechnet durch den subalternen Aron ihre Ansprüche anmelden sollten.
Wenn Aron als »der Levit« bezeichnet wird, so hängt dies eher damit
zusammen, daß er aus irgendeinem levitischen Hause stammte, wofür
es allerdings keine sonstigen alten Belege gibt. Zumindest stand er mit
den Leviten in Kadesch und am nahegelegenen Gottesberg in enger Beziehung, bis sich dieselben von ihm distanzierten oder sich vielleicht auch
mit ihm um Mose als dem Exponenten der Ausschließlichkeit Jahwes
scharten (Ex 32 25-29). Woher Aron kam, geht aus Ex 4 27 f. nicht eindeutig
hervor. Ob er nach Ex 4 14b in Ägypten aufgebrochen sein sollte, ist sehr
fraglich. Ex 18 12 setzt vielmehr voraus, daß er zusammen mit allen
Ältesten Israels – in der Wüste am Gottesberg (v. 5) – an dem von
Moses Schwiegervater veranstalteten Kultmahl teilnahm. Damit dürfte
erwiesen sein, daß er in den Bereich des Gottesberges, der nicht mit dem
vulkanischen Sinai identisch ist, gehörte. Wenn er Mose entgegengeht
(Ex 4 14b. 27) und nicht Mose ihm, so ist dies darauf zurückzuführen, daß
der Untergeordnete den Höherstehenden aufsucht. Mose allein gilt als
Offenbarungsempfänger. Er gibt Jahwes Worte an Aron als seinen
Sprecher weiter (Ex 4 30a).

---

[52] ÜPent 197.

[53] Leviten und Priester, 1965, 95 f. 97.

[54] Nach A. H. J. Gunneweg a. a. O. 93 in Bethel. – M. E. will A. H. J. Gunneweg
Leviten und Priester zu streng auseinanderhalten. Sicherlich waren nicht alle Priester
Leviten; man kann aber sagen, daß alle Leviten Priester sein wollten (vgl.
Dtn 33 8 ff.). Ein Levit ist sozusagen ein potentieller Priester. Seiner Würde fehlt
aber das Amt, das ihm durch die Einweisung in eine bezahlte Planstelle – durch
die »Handfüllung« (Jdc 17 12 18 4 Ex 32 29; vgl. M. Noth, Amt und Berufung im
Alten Testament, 1958, 8 f.) – zuteil wurde. Außer den Leviten gab es noch andere
Interessenten, was zu massiven Auseinandersetzungen führen konnte (vgl. Dtn
33 11 b).

III. Die Traditionen der Wüstenfestgruppe

1. DAS WÜSTENFEST

Im Rahmen der jahwistischen Berufungsgeschichte wurde S. 33 aus Ex 3 18b-22 auf ein Wüstenfest geschlossen. Mose sollte mit den Ältesten Israels zu dem ägyptischen König sprechen: »Jahwe, der Gott der Hebräer, ist uns begegnet, und nun, laß uns doch einen Dreitageweg in die Wüste ziehen und Jahwe, unserm Gott, Schlachtopfer darbringen!« (v. 18b).

Klammert man nicht mit M. Noth[1] Ex 3 18-22 als einen Zusatz aus, so könnte man harmonisierend annehmen, daß zwar Jahwe Mose und durch ihn den Ältesten Israels einen Exodus und Eisodus verheißen hat, der ägyptische König aber aus taktischen Gründen bloß um eine zeitweilige Beurlaubung des Volkes zu einem Opferfest in der Wüste aufgefordert und die ägyptischen Nachbarinnen nur um die Entleihung verschiedener Gegenstände gebeten werden sollten. Es liegt kaum ein erzählerisches Motiv vor, da seine Einfügung unbegründet wäre. Richtiger erscheint es, zwischen einer Tradition vom Exodus und einer vom Wüstenfest, zu dem man nicht »leer« ziehen durfte (vgl. Ex 23 15 34 20 Dtn 16 16)[2], zu unterscheiden. Wie bei der Exodustradition so scheinen auch bei der Wüstenfesttradition geschichtliche Vorgänge zugrunde zu liegen, wofür es Indizien in den Texten gibt.

Auch in der elohistischen Berufungserzählung, in der Mose selbst mit der Herausführung betraut wird – von einem Eisodus ist keine Rede –, schimmert die Wüstenfesttradition hindurch. E läßt die Beauftragung Moses am Gottesberg (Horeb), vermutlich bei Kadesch gelegen, erfolgt sein (Ex 3 1bβ 4 27- 28. 30a). Vor allem bezieht sich die prophetisch stilisierte Rede Ex 4 20b-23 (E), auf die S. 46 f. zurückzukommen ist, auf das Wüstenfest. Der Kult auf dem Gottesberg gilt im jetzigen Zusammenhang als Erfüllung der Forderung nach einem Wallfahrtsfest in der Wüste (3 12b 5 1 f.)[3].

---

[1] ÜPent 31; Das zweite Buch Mose, 18. 28.

[2] D. Daube, Rechtsgedanken in den Erzählungen des Pentateuch, BZAW 77 (1958), 35 f., sieht den Auszug im Rahmen des Wiedererwerbungsrechts. Gott habe Israel »gelöst«; der Sklave (= Israel) darf nicht »leer« entlassen werden. Siehe ders., The Exodus Pattern in the Bible, 1963, und die Kritik G. Fohrers a. a. O. 1 Anm. 2, 62 Anm. 7.

[3] Vgl. G. Fohrer a. a. O. 40.

Nicht nur in der Berufungsgeschichte, auch im Fortgang der alten Pentateuchquellen, zu denen L/N[4] zu rechnen ist, läßt sich die Wüstenfesttradition verfolgen. Bedeutsam sind die ersten Verhandlungen mit dem Pharao in Ex 5 1–6 1. In den vermutlich elohistischen Versen 5 1-2 forderten Mose und Aron als Jahweboten den Pharao auf, das Volk zu einem Wallfahrtsfest in der Wüste zu entlassen; der Gewalthaber lehnte jedoch ab, weil er Jahwe überhaupt nicht kenne (vgl. Ex 3 13). Damit ist die Exposition zur Plagenerzählung gegeben, durch die sich die Stichworte Fest bzw. Opfer in der Wüste, Entlassung und Weigerung wie ein roter Faden hindurchziehen.

Die jahwistische Erzählung über die ersten vergeblichen Verhandlungen mit dem ägyptischen König (Ex 5 3 ff.; v. 3 f. ist eine Dublette zu v. 1 f.), in denen Mose auffallend zurücktritt[5], dreht sich ausschließlich um die Entlassung zum Wüstenfest. Das Subjekt der Rede in Ex 5 3 ff. sind nicht die vorher genannten Mose und Aron (v. 4 stellt einen ausgleichenden Einschub dar), sondern die Ältesten Israels aus Ex 3 18b, denen allerdings der »Gott der Hebräer« nicht direkt, sondern in dem Botenwort des Mose »begegnet« ist. Für die Ältesten als Subjekt in 5 3 ff. spricht, daß die israelitischen Aufseher nach einer Audienz am ägyptischen Hof Mose – und den aus E eingetragenen Aron – erst draußen antreffen (5 20); diese Aufseher können nicht in 5 3 f. gemeint sein, da in 5 6 f. die ägyptischen Fronvögte vom Pharao angeredet wurden und erst in 5 11 ff. die israelitischen Aufseher es wagen, persönlich vorzusprechen. In v. 6 und 10 sind sie nachgetragen. Es bleibt also gar nichts anderes übrig, als in den Sprechern von 5 3 f. die aus 3 18b bekannten Ältesten Israels zu sehen.

Von den Ältesten Israels ist später noch in Ex 12 21 17 5 f. 18 12 19 7 24 14 und Num 16 25, von den 70 Ältesten in Ex 24 1.9 und in Num 11 16.24 f. die Rede. Es wäre vorschnell, in allen diesen Ältesten das gleiche Gremium zu sehen. Zunächst ist herauszufinden, welches die Route der Gruppe war, auf die die Tradition des Wüstenfestes zurückgeht. Sind auf ihrem Weg die Ältesten anzutreffen, so ist die Wahr-

---

[4] Siehe O. Eissfeldt, Hexateuch-Synopse, Neudruck 1962, und E. Sellin – G. Fohrer, Einleitung in das Alte Testament, 1965[10], 173 ff.

[5] G. Hölscher, Die Geschichte der israelitischen und jüdischen Religion, 1922, 64; ders., Die Anfänge der hebräischen Geschichtsschreibung, 1942/43, 65 Anm. 3, und M. Noth, ÜPent, 76; ders., Das zweite Buch Mose, 38 ff., vertreten die Ansicht, Mose sei erst nachträglich mit dem Exodus verbunden worden. Nach H. Eising, Die ägyptischen Plagen, in: Festschrift H. Junker, 1961, 86 f., läßt sich Mose weder aus Ex 5 noch aus den Plagenerzählungen eliminieren. R. Smend, Jahwekrieg und Stämmebund, 1963, 90 ff., findet, daß das Zurücktreten Moses in Ex 5 3 ff. taktisch zu verstehen sei. G. Fohrer a. a. O. 57 f. und H. Seebass, Der Erzvater Israel, 1966, 60 Anm. 26 stimmen dem zu, neuerdings auch H. Gese, Bemerkungen zur Sinaitradition, ZAW 79 (1967), 143.

scheinlichkeit groß, daß es sich um dieselben Repräsentanten handelt. Der Schluß vom Wüstenfest auf die Wüstenfestgruppe wäre dann gerechtfertigt.

Im Zusammenhang mit dem Meerwunder findet sich das für das Wüstenfest typische Stichwort »Entlassung« in Ex 13 17 und 14 5b. Ex 13 17-19 ist anerkanntermaßen elohistisch. Der Pharao hatte das Volk entlassen. Nach der letzten Plage kam nur noch eine endgültige Entlassung in Frage (vgl. Ex 12 31 E). Gott – nicht Mose – führte es, aber nicht, wie man im Hinblick auf den Eisodus, von dem E bisher nicht gesprochen hatte, vermuten müßte, »den Weg des Landes der Philister«, der späteren Bewohner vor allem der kanaanäischen Küstenebene, sondern er ließ das Volk abbiegen auf den »Weg der Wüste des Schilfmeeres«, womit üblicherweise der Golf von Akaba gemeint ist[6]. Die Begründung der Kursänderung – das Volk solle nichts von Kriegen und Kriegsgeschrei hören – ist in Anbetracht der folgenden akuten Bedrohung durch die nachsetzende ägyptische Streitwagenabteilung nicht schlüssig, es sei denn, diese Gruppe wäre gar nicht am Meerwunder beteiligt gewesen. M. E. handelt es sich bei dieser Abbiegung um eine künstliche Angleichung des Weges der Wüstenfestgruppe an die Route zum Schilfmeer und zum Sinai. In Ex 14 5 ist die Quellenzugehörigkeit schwer zu ermitteln. Der Vers ist nicht einheitlich, da sich anerkanntermaßen Flucht (v. 5a) und Entlassung (v. 5b) nicht zusammenreimen. Es ist nicht anzunehmen, daß das Volk nach einer zeitweiligen Entlassung auf und davon sei. Dagegen spricht, daß sich das »Herz« des Pharao und seiner Minister nach der endgültigen Entlassung wandelte. Ex 14 5b ist wie 12 29 f., wo ebenfalls vom Pharao und seinen Ministern die Rede ist, jahwistisch[7]. M. Noth[8] weist v. 5a E zu. Dafür könnte bei Annahme einer – allerdings fragwürdigen – typologischen Entsprechung zwischen der Flucht des Volkes und der Flucht Moses (Ex 2 15abα) sprechen, daß die letzte Belegstelle elohistisch ist. V. 5a paßt aber besser in den Zusammenhang der Nomadenschicht, wie G. Fohrer[9] nachgewiesen hat. Entscheidend ist die Beantwortung der Frage, ob die Entflohenen oder die Entlassenen das Meerwunder erlebten. Da eine Voraussetzung des Meerwunders die Verfolgung durch die ägyptische Streitwagenabteilung ist und in der Regel nicht Entlassene, sondern Flüchtige verfolgt werden,

---

6 Es geht zu weit, wenn N. H. Snaith, יְם־סוּף, the Sea of Reeds: the Red Sea, VT 15 (1965), 395 ff., meint, daß unter dem Schilfmeer eine »distant scarcely known sea away to the south, of which no man knows the boundary« verstanden wurde (398). M. Noth, Das zweite Buch Mose, 84 f., hält es allerdings für »nicht unbedingt erwiesen« (85), daß in Ex 13 18 der Golf von Akaba gemeint sei.

7 So M. Noth a. a. O. 84 und G. Fohrer a. a. O. 99.

8 A. a. O. 84.

9 Siehe G. Fohrer a. a. O. 124 und unten 52 Anm. 14.

kommt die Wüstenfestgruppe nicht für das Meerwunder in Frage[10].
Wohin zog sie?[11] Ex 15 25b enthält eine Ätiologie des Ortsnamens Massa,
der im Oasenbereich von Kadesch zu suchen ist. In das gleiche Gebiet
weist auch Meriba (Ex 17 1-7; vgl. Num 20 1)[12]. Hinzu kommt, daß in
Ex 17 5 einige »von den Ältesten Israels« und in Ex 17 6 »die Ältesten
Israels« vorkommen, die als die führenden Männer der Wüstenfestgruppe anzusehen sind. In Ex 18 12 nehmen sie außer Aron am Kultmahl
des Schwiegervaters Moses teil, das nach v. 5 am Gottesberg stattfand.

---

[10] Zu einem anderen Ergebnis kommt R. Schmidt, Meerwunder und Landnahme-
tradition, ThZ 21 (1965), 260 ff. Im Anschluß an O. Eissfeldt, Baal Zaphon, Zeus
Kasios und der Durchzug der Israeliten durchs Meer, 1932, lokalisiert er auf
Grund der Ortsangaben in Ex 14 2.9 das Meerwunder am Sirbonischen See. Die
Frage ist, ob diese Lokalisierung primär ist. Während nach R. Schmid die flüchtigen
Josephstämme aus Ägypten zum Sinai ohne Meerwunder gezogen seien, hätten die
entlassenen Südstämme die Route über den Sirbonischen See genommen und wären
dann aus dem Süden in das Land eingedrungen (siehe besonders 261 f. und 268).
Es wurde oben gezeigt, daß nur die Flüchtenden verfolgt wurden und infolgedessen
sie das Meerwunder erlebten. In neuer Zeit nahm auch M. B. Rowton, The Problem
of the Exodus, PEQ 85 (1953), 46–60, einen doppelten Exodus an:
a) die Josephiten unter Aron am Anfang des 13. Jh.,
b) die Leviten unter Mose um 1170.
D. J. McCarthy, Plagues and the Sea of Reeds, JBL 85 (1966), 137–157, sieht in
der Tötung der Erstgeburt (Ex 11–13) und im Schilfmeerwunder, dem (fälschlich)
die Plagen Ex 7 8–10 27 zugeordnet werden, eine doppelte Klimax des Exodus.
McCarthy, der nicht literarkritisch verfährt, schließt aber nicht auf zwei Exodus-
gruppen, die m. E. am besten die »doppelte Klimax« erklären. Siehe auch ders.,
Moses' Dealings with Pharao: Ex 7 8–10 27, CBQ 27 (1965), 336–347.

[11] In Ex 15 22 b α (»und sie wanderten drei Tage in der Wüste«) ist vielleicht ein
Rudiment des Zuges zum Wüstenfest zu sehen (?). Unmöglich ist es, daß die
Israeliten in drei Tagen nach Kadesch gelangten, wie H. H. Rowley a. a. O. 150
annimmt (Die Luftlinie Suezkanal–Kadesch beträgt etwa 230 km). J. Gray, The
desert Sojourn of the Hebrews and the Sinai-Horebtradition, VT 4 (1954), 148–154,
denkt ebenfalls an einen Zug nach Kadesch, sagt aber 150 Anm. 2 in bezug auf
die drei Tage »The numbers, of course, may not be literally accurate«. M. E. darf
damit gerechnet werden, daß »drei Tage«, »am dritten Tag« usw. ein im Kult
üblicher Termin ist (vgl. Gen 22 4 Ex 19 11).

[12] Es geht nicht an, Massa und die Wasser von Meriba nicht örtlich zu verstehen; so
S. Lehming, Massa und Meriba, ZAW 73 (1961), 71–77; auch E. Nielsen, The
Levites in Ancient Israel, ASThI 3 (1964), 19. H. J. Boecker, Redeformen des
Rechtslebens im Alten Testament, 1964, 102 Anm. 3, weist darauf hin, daß *rîb*
nur in Ex 17 2 und in Num 20 3 die Bedeutung von »anklagen« hat. Nicht überzeugend finde ich O. Eissfeldts Vorschlag (»Zwei verkannte militär-technische Termini im Alten Testament«, VT 5 [1955], 232–238 = Kleine Schriften, III 1966,
354–358), *nsh* (pi.) mit »einüben«, »exerzieren« wiederzugeben. *rîb* sollte dann auf
Grund der Parallele in Dtn 33 8 »kämpfen für jemanden«, »jemanden kämpfen
lehren« heißen. Bedenkt man, daß in Kadesch die »Gerichtsquelle« (Gen 14 7) war,
so passen »erproben« (*nsh* pi.) und »prozessieren« (*rîb*) besser.

Diese Koinzidenz der Route der vermuteten Wüstenfestgruppe, die identisch mit der Route 2 d S. 26 ist, mit den Ältesten Israels, die sich im Bereich von Kadesch aufhielten, rechtfertigt die Annahme einer Wüstenfestgruppe und läßt erkennen, daß diese Gruppe in den Oasenbereich von Kadesch gezogen ist. Dort oder an dem in der Nähe liegenden Gottesberg (Horeb) trat sie in Beziehung zu dem Leviten Aron, der ihr Priester wurde (Ex 4 14-16. 27-28. 30a).

Erwägenswert ist, ob es sich bei der Wüstenfestgruppe um *einen* geschlossenen Verband handelte, der einen einmaligen Auszug aus Ägypten erlebte, oder ob verwandte Sippen, unter ihnen Leviten[13], in Ägypten und in Kadesch saßen und Beziehungen miteinander pflegten. Diese Annahme hat bestimmt vieles für sich. Denkbar wäre, daß wiederholt Familien aus Kadesch nach Ägypten abwanderten (vgl. Gen 12 10 ff.), um sich am Leben zu erhalten, aber auch wieder zurückkehrten. In der fremden Umwelt dürfte stets die Sehnsucht nach einer Vereinigung mit den Stammverwandten bestanden haben. Vielleicht war man auch bestrebt, an kultischen Festen in Kadesch teilzunehmen, wohin man allerdings länger als drei Tage unterwegs gewesen wäre. Derartige durchaus wahrscheinliche Beziehungen zwischen Kadesch und Ägypten schließen aber nicht aus, daß tatsächlich einmal eine größere Gruppe aus Ägypten entlassen wurde.

Bevor der Weg der Fluchtgruppe (Ex 14 5a) verfolgt werden kann, ist noch auf das Passa und die Plagenerzählung einzugehen, da beide mit der Tradition vom Wüstenfest verbunden sind (vgl. Ex 3 19 f. 6 1 JE).

2. DAS PASSA

M. Noth[14] hat die These J. Pedersens[15], Ex 1–14 sei eine historisierte Passalegende, dahingehend reduziert, daß lediglich die Plagenerzählung vom Passaritus her gestaltet worden sei. Es fragt sich allerdings, ob nicht das Gegenteil stimmt, also die Passaerzählung vom Schema der Plagenerzählung beeinflußt ist. G. Fohrer lehnt Pedersens These vollkommen ab. Ihm geht es wesentlich darum, »ob der überlieferungsgeschichtliche Kern der letzten Plage mit dem folgenden Auszug ... in einem geschichtlichen Ereignis oder in einer kultischen Begehung zu erblicken ist«[16]. Gegen die kultische Herleitung erhebt er zwei Bedenken:

a) Beim Passa wurde nicht die tierische Erstgeburt geopfert; Ex 13 1 f. 11-16 bezieht sich nicht auf das Passa. Der Gedanke des apotropä-

---

13 R. Kittel a. a. O. 568 ff. vermutet, daß Leviten zwischen den Israeliten in Kadesch und in Ägypten vermittelt haben.

14 ÜPent 70 ff.

15 Passahfest und Passahlegende, ZAW 52 (1934), 160–175.

16 A. a. O. 90.

ischen Schutzes der israelitischen und des Preisgegebenseins der ägyptischen Erstgeburt kann infolgedessen nicht aus dem Passa hergeleitet werden. Die Tötung der Erstgeburt ist somit ein eigenständiges Überlieferungselement[17].

b) Eine Beziehung des Passa auf das Auszugsgeschehen ist in früher Zeit »höchst fraglich«. Der älteste datierbare Beleg für diesen Bezug liegt in Dtn 16 1-8 vor. Durch die Verbindung des ursprünglich selbständigen Massotfestes (Ex 23 15 34 18) mit dem Passa ist der Bezug auf das Exodusgeschehen auf letzteres übergegangen. Daraus ergibt sich: »Ist das Passa aber erst gegen Ende der Königszeit mit dem Geschehen beim Auszug aus Ägypten begründet worden, so können weder die längst bestehenden Plagenerzählungen noch gar das Ganze von Ex 1–15 im Zusammenhang mit diesem Fest entstanden sein«[18].

Ist diese Folgerung stichhaltig? Allgemein anerkannt ist, daß Ex 12 21-23. 27b die älteste Anordnung über das Passa enthält[19]. Der Text lautet:

»Und Mose berief alle Ältesten Israels und sprach zu ihnen: ›Zieht hin und nehmt euch nach euren Sippen ein (Stück) Kleinvieh und schlachtet Passa (v. 21) und nehmt ein Büschel Ysop und taucht (es) in das Blut auf der Schwelle[20] und berührt den Türsturz und die zwei Pfosten mit dem Blut, welches auf der Schwelle ist; ihr aber geht nicht – keiner – aus dem Eingang des Hauses hinaus bis zum Morgen (v. 22). Und Jahwe wird vorübergehen, um Ägypten zu schlagen, und er wird das Blut auf dem Türsturz und an den beiden Pfosten sehen, und Jahwe wird am Eingang vorbeigehen (psḥ) und nicht dem Verderber erlauben, in eure Häuser zu gehen, um zuzuschlagen‹ (v. 23). Und das Volk verneigte sich und fiel nieder« (v. 27b).

Vielleicht ging v. 27b voraus, daß die Ältesten, die an die Wüstenfestgruppe erinnern, dem Volk die Anordnung kundtaten und dieses dann zustimmte. Das Blut hat apotropäische Wirkung (vgl. Ex 4 24-26). Ursprünglich sollte gewiß der »Verderber« als ein eigenständiges Wesen, das jetzt Jahwe untertan ist, abgewehrt werden. Was hätte der »Verderber« in den Häusern, womit zur Not auch Zelte gemeint sein können (vgl. Gen 27 15), getan? Wenn sich in Häusern und Zelten auch Tiere

---

[17] A. a. O. 91 f.; so auch E. Kutsch, Erwägungen zur Geschichte der Passahfeier und des Massothfestes, ZThK 55 (1958), 1–35, siehe Zusammenfassung 34.

[18] A. a. O. 92 f.

[19] M. Noth a. a. O. 32 hält diese Verse für jahwistisch. G. Fohrer a. a. O. 82 f. weist demgegenüber darauf hin, daß nach J die Israeliten ohne besondere Vorkehrungen von der Plage ausgenommen sind (Ex 11 7), in Gosen beisammenleben und nicht unter den Ägyptern wohnen (Ex 8 18 9 26), das Schlachten der Tiere im Widerspruch zu 8 22 (J) steht, die Israeliten nachts die Wohnungen verließen (Ex 11 4 12 29), nach den beiden letzten Belegstellen Jahwe allein wirkte und sich 12 29 f. direkt an 11 8 anschließt. Lehnt man die Zuweisung an L/N ab, so muß man in Ex 12 21-23. 27 b eine eigene, alte Tradition sehen.

[20] So E. Auerbach a. a. O. 61; die Tiere wurden wohl auf der Schwelle getötet.

aufhalten konnten – allerdings keine Herden –, so waren jedenfalls Menschen bedroht und nicht erst- oder spätgeborene Tiere. Ob es um eine spezielle Bedrohung der menschlichen Erstgeborenen männlichen Geschlechts ging, die das ganze Jahr über zur Welt kommen, ist mehr als zweifelhaft. Die hauptsächlich im Freien lebenden Herdentiere konnten nicht durch eine Blutmanipulation an den Wohnstätten der Menschen geschützt werden. Infolgedessen ist es fraglich, ob Passa etwas mit dem Weidewechsel zu tun hat[21]. L. Rost[22] ist zuzustimmen, daß die Aussage von dem Jahwe, der Ägypten schlägt, überlieferungsgeschichtlich zur sekundären Historifizierung gehört. Eine kritische Frage ist, ob das Zuschlagen des »Verderbers« (ngp) primär mit diesem verbunden war oder ursprünglich vom Gott der Plagenerzählung ausgesagt und dann auf den »Verderber« übertragen wurde. Eine Entscheidung ist schwer zu fällen, da das Verbum ngp in der Plagenerzählung nur in Ex 7 27 (J) und das Substantiv mgph bloß einmal vorkommt (Ex 9 14 J)[23]. Da aber wohl die ganze Aussage »Und Jahwe wird vorübergehen, um Ägypten zu schlagen« (Ex 15 23) eine sekundäre Historifizierung ist, entstammt die Vorstellung des »Zuschlagens« der Plagenerzählung. Die Absicht des »Verderbers« dürfte ursprünglich gewesen sein, »zu verderben«, d. h. Menschen zu töten (vgl. Ex 4 24)[24]. Diese Feststellungen sprechen gegen eine Herleitung der Plagenerzählung aus dem Passaritual, vielmehr hat jene auf die Ausgestaltung des Rituals eingewirkt.

Auffallend ist, daß sowohl das Wüstenfest als auch Passa einen apotropäischen Zweck haben. Die Ältesten Israels forderten eine Entlassung zu einem Opferfest für Jahwe, »damit er uns nicht schlage mit der Pest oder dem Schwert« (Ex 5 3). Unmöglich kann mit diesem Wüstenfest Passa gemeint sein. In der Wüste hatte man nämlich keine Häuser, höchstens Zelte; außerdem wäre man nicht hinausgezogen, um dort eigens dem »Verderber« zu begegnen. Über das Wüstenfest selbst ist nicht mehr viel auszumachen. In Ex 10 24 f. ist zwar von Schlacht- und Brandopfern die Rede[25]; im übrigen wußten aber die Israeliten nicht,

---

21 So L. Rost, Weidewechsel und altisraelitischer Festkalender, in: Das kleine Credo und andere Studien zum Alten Testament, 1965, 101–112.

22 A. a. O. 104.

23 נֶגֶף (Schlag) in Ex 12 13 (P) ist von Ex 12 21-23 abhängig.

24 šḥt findet sich mit der Bedeutung »töten« in II Sam 1 14 II Reg 19 12 Ez 5 16 20 17 Hos 11 9 13 9.

25 Nur in Ex 34 25 werden »Schlachtopfer des Wallfahrtsfestes des Passa« erwähnt. Mit E. Kutsch a. a. O. 20 f. sind »Schlachtopfer« und »Wallfahrtsfest« deuteronomistische Erweiterungen. G. Fohrer a. a. O. 40 nimmt an, daß das »Dienen auf diesem Berge« (Ex 3 12 E) mit dem von E in 5 1 vor dem Pharao erwähnten Fest in der Wüste und ebenso dem von J in 3 18 5 3 erwähnten Opfer in der Wüste identisch ist«. Am Gottesberg spielten aber apotropäische Riten keine Rolle. E hat m. E. das Wüsten-Wallfahrtsfest mit dem Kult auf dem Gottesberg ausgeglichen.

womit Jahwe zu dienen sei. Der Kult auf dem Gottesberg (Ex 3 12b) setzt den Gottesdienst der vereinten Wüstenfest- und Mosegruppe voraus und gilt lediglich sekundär als Erfüllung des Wunsches nach einem Wüstenfest.

Geht die Tötung der Erstgeburt nicht aus dem Passa hervor, so muß noch erwogen werden, woher dieses Motiv stammt. Während in der Regel von der Tötung aller menschlichen und tierischen Erstgeburt der Ägypter die Rede ist, kennt die im Rahmen der elohistischen Berufungsgeschichte überlieferte, prophetisch stilisierte Einheit Ex 4 20b-23 nur die Tötung eines ägyptischen Kronprinzen. V. 20b ist die Fortsetzung von v. 17 (E). V. 21 handelt in direkter Jahwerede von dem Vollzug von Wundern vor dem Pharao, zu deren Vollbringung Mose durch den Gottesstab befähigt ist, und von der gottgewirkten Verhärtung des Herzens des Herrschers, der das Volk nicht entlassen will. Die in diesem Zusammenhang entscheidenden Verse lauten:

> »Und sprich zum Pharao: ›So spricht Jahwe:
> Mein Sohn, mein Erstgeborener ist Israel (v. 22);
> ich aber hatte zu dir gesprochen:
> Entlaß meinen Sohn, damit er mir diene;
> du aber hast dich geweigert, ihn zu entlassen.
> Siehe, nun bin ich im Begriff, deinen Sohn,
> deinen Erstgeborenen zu töten‹« (v. 23).

Das Verbum »entlassen« deutet darauf hin, daß diese Verse zur Tradition des Opfer- (Ex 3 18 J) oder Wallfahrtsfestes (Ex 5 1 E) in der Wüste gehören, zu dessen Begehung der Pharao die Beurlaubung »verweigerte«. Mit dieser Tradition ist die Plagenerzählung verbunden, die eine endgültige Entlassung begründet (vgl. Ex 6 1 JE). Die letzte Aussage: »Siehe, nun bin ich im Begriff, deinen Sohn, deinen Erstgeborenen, zu töten« zielt eigentlich auf eine unmittelbare Ausführung. Sind die Plagen der Verwandlung des Nilwassers in Blut (Ex 7 15b. 17. 20aβ.b. 23), des Hagels (9 22-23aα. 24-25b.-35), der Heuschrecken (10 12-13aα. 14aα. 15aβ. 20) und der Finsternis (10 21-23. 27) elohistisch, wie G. Fohrer[26] annimmt, so wären diese Ereignisse retardierende Momente vor der letzten Plage der Erstgeburttötung, von der in E nur Fragmente erhalten sind (11 1 12 31. 39b). Da dieser letzte Schlag den Pharao und Ägypten treffen soll (11 1), kann damit nicht nur die Tötung des Kronprinzen wie in 4 23b gemeint sein. Die Bemerkung »du aber hast dich geweigert, ihn zu entlassen« (4 23aβ) setzt Verhandlungen mit dem Pharao voraus. Vielleicht stand die ganze Einheit 4 22 f. einmal nach den vergeblichen Verhandlungen. Der Halbvers 23a wirkt wie ein Zusatz. Mit oder auch ohne ihn wäre der entscheidende Schlag der Kronprinzentötung unmittelbar zu erwarten.

---

[26] A. a. O. 70 f.; anders M. Noth, Das zweite Buch Mose, der E in den Plagenerzählungen nicht findet.

Sonderbar ist, daß Jahwe Israel nicht nur als seinen Sohn (vgl. Hos 11 1), sondern auch als seinen Erstgeborenen bezeichnet. Strenggenommen müßte dann an weitere Söhne gedacht sein (vgl. Jer 31 20 Am 6 1). Kaum galt Ägypten als der zweitgeborene. Weil Jahwe den Erstgeborenen des Pharao töten wollte, dürfte aus symmetrischen Gründen entsprechend dem ius talionis zwischen »mein Sohn« und »ist Israel« in v. 22 »mein Erstgeborener« eingeschoben worden sein. Dafür spricht, daß in v. 23aα nur vom Sohn die Rede ist. Der überlieferungsgeschichtliche Kern war demnach die Tötung des Kronprinzen. Durch die kollektive Ausweitung auf alle menschliche und tierische Erstgeburt entstand die Vorstellung einer ganz Ägypten betreffenden Plage. Schwer erklärbar wäre dann die Bereitwilligkeit der Ägypter und Ägypterinnen (Ex 3 21 f. 11 2 f. 12 35 f.), Geräte aus Edelmetall und Kleider herzuleihen. Wie kam es aber zu der ursprünglichen Tradition von der Tötung eines Kronprinzen? Historische Vermutungen gelten leicht als spekulativ oder rationalistisch[27]. Dennoch scheint der Kern der zehnten Plage im geschichtlichen Raum zu liegen[28]. Der Tod eines Kronprinzen schlösse nicht aus, daß die Israeliten bei den Ägyptern in Gunst standen. Ob bei einem derartigen Todesfall der Pharao bzw. seine Administration eher geneigt waren, die Israeliten endgültig zu entlassen, ist eine andere Frage. In der Erzählung von der letzten Plage wird die Begebenheit so verstanden, daß durch die Tötung des Pharaonensohnes (und aller ägyptischen Erstgeburt) der Gottessohn Israel zum Gottesdienst ausgelöst wurde.

3. DIE PLAGENERZÄHLUNG

Ex 5 1 f. (E) enthält die Exposition der Plagenerzählung, die zur Wüstenfesttradition gehört, wie die Stichworte »Wüstenfest« bzw. »Dienen«[29], »Entlassung«[30] beweisen. Notwendig wurden die Plagen durch die Verweigerung der Entlassung und durch die Verschärfung der Fronarbeit (Ex 5 5-21). Ihre ursprüngliche Tendenz war, den Pharao zur

---

[27] Siehe M. Noth, ÜPent, 71 Anm. 196, gegen G. Beer (– K. Galling), Exodus, 1939, 60 f.

[28] Siehe G. Fohrer a. a. O. 96 Anm. 40.

[29] Vom Wüstenfest ist die Rede in 3 18 (J) 5 3. 8. 17 (J) 8 25. 27. 28. 29 (J); vom Dienen in (3 12 E) 4 23 (E) 7 16 (J) 9 1. 13 (J) 10 3. 7. 8. 11. 24. 26 (J) 12 31 (E). Es ist geradezu eine Perversion, wenn die Israeliten vor dem Meerwunder, das allerdings ursprünglich nichts mit der Wüstenfesttradition zu tun hat, bei ihren Vorwürfen gegen Mose sagen: »Wir wollen den Ägyptern dienen!« (Ex 14 12 J).

[30] Von der Entlassung ist die Rede in 3 20 (J) 4 21-23 (E) 5 1 f. (E) 6 1 (J) 6 11 (P) 7 2 (P) 7 14 (J) 8 4. 16. 24. 25. 28. (J) 9 1. 2. 7. 17. 28 (J) 10 3. 4. 7. 10 (J) 10 20. 27 (E) 11 1 (E) 11 10 (P) 13 15 (dtr) 13 17 (E) 14 5 b (J). Das bei E (6 *1 11 1) vorkommende Verbum grš (pi.) im Sinn von »vertreiben« läßt erkennen, daß der letzte Skopus der Plagenerzählung die endgültige Entlassung ist.

Jahweerkenntnis[31] und damit zur Entlassung der Israeliten zu bringen. Durch die Einarbeitung der Tötung des Kronprinzen und aller Erstgeburt als letzter Plage und des Passas zielt die jetzige Plagenerzählung auf die Begründung der endgültigen Entlassung (vgl. Ex 12 29-30. 32 J; 12 31 E; 12 33 L/N). Dies kommt besonders deutlich in 6 1 und 11 1 (E) zum Ausdruck: Der Pharao wird nach der letzten Plage das Volk nicht nur vorübergehend beurlauben, sondern endgültig forttreiben.

Da G. Fohrer[32] die Plagenerzählung einer eingehenden Analyse unterzogen und die Schemata der einzelnen Quellenschichten herausgearbeitet hat, soll hier nur noch eine Beobachtung vermerkt sein, die den Gottesstab betrifft. Ex 7 17 lautet: »Daran sollst du erkennen, daß ich Jahwe bin. Siehe, ich bin im Begriff, mit dem Stab in meiner Hand auf das Wasser zu schlagen, welches im Nil ist, und es wird sich in Blut verwandeln« (vgl. v. 25b). Verteilt man diesen Vers nicht auf zwei Quellen[33], wozu m. E. kein triftiger Grund besteht, so ist eindeutig Jahwe das Subjekt der Handlung. Dadurch, daß sich Jahwe des Stabes bedient, wird derselbe sozusagen jahwesiert. Jahwe will durch diese Handlung zur Erkenntnis seiner selbst beitragen. Der Bezug auf Mose, der durch den vorausgehenden Text 7 14 ff. nahegelegt wird, ist sekundär. An dieser Stelle schimmert noch hindurch, daß Mose in die Plagenerzählung – nachdem diese jahwesiert worden war? – als Beauftragter Jahwes eingewandert ist und nun mit dem »Gottesstab« Zeichen, Wunder und Plagen vollbringt (Ex 4 17. 20b 9 23aα 10 13aα; vgl. 14 16aα 17 5. 9 Num 20 8 f.).

---

[31] Von der Jahweerkenntnis des ägyptischen Herrschers handeln 5 2 (E) 7 17 (J) 8 6. 18 (J) 9 14 (J) 10 7 (J). Die Minister, die geistig überlegen sind, kamen zur Jahweerkenntnis (10 7 J); vgl. H. Eising a. a. O. 75–87, besonders 77 f. Nicht zustimmen kann ich der Ansicht, die Plagen stellten keine Vorbereitung zum Auszug dar (84). Von der Jahweerkenntnis der Ägypter handeln 7 5 (P) 11 7 (J) 14 4. 18 (P?), von der Jahweerkenntnis der Israeliten 6 7 (P) und 10 2 (J).

[32] A. a. O. 60 ff. 79 ff., anders F. V. Winnett, The Mosaic Tradition, 1949, 3 ff., der die Plagenerzählung als Einheit versteht. F. V. Winnett lehnt überhaupt die Scheidung in J und E ab, rechnet in Ex und Num mit einer »Mosaic Tradition«, die von Dtr und P korrumpiert worden sei.

[33] So z. B. O. Eissfeldt, Hexateuch-Synopse, Neudruck 1962, z. St.

IV. Das Meerwunder

Im allgemeinen gilt das Siegestanzlied der Mirjam in Ex 15 20 f.[1] als das älteste Zeugnis über die Vernichtung der Ägypter im Meer. Es fragt sich allerdings, ob die Einleitung v. 20-21a ursprünglich ist und ob die Prosaerzählung Ex 13 17–14 31 ältere Aussagen enthält. Ex 15 20 f. lautet:

»Und es nahm Mirjam, die Prophetin, Arons Schwester, die Handpauke in ihre Hand, und alle Frauen gingen hinter ihr heraus mit Handpauken und im Reigen (v. 20), und Mirjam sang ihnen zu:

›Singet Jahwe, denn hoch erhob er sich (oder: hocherhaben ist er),
das Roß und seinen Streitwagenfahrer warf er ins Meer!‹« (v. 21).

Wo gingen die Frauen heraus, die der prophetisch inspirierten Mirjam (vgl. Num 12 2) Handpauken schlagend und im Reigen tanzend folgten? Auf Grund des maskulinen Suffixes in v. 21a sang Mirjam nicht Frauen, sondern Männern zu (vgl. Jdc 11 31 I Sam 18 6 f.), die dem Zusammenhang nach vom Jahwekrieg zurückkehrten. Wohl ist im Prosabericht von »Kampfgerüsteten« (Ex 13 18 E; vgl. Jos 1 14 4 12 Jdc 7 11), vom Lager und Lagern die Rede; es läßt sich aber kein Lager nachweisen, aus dem Mirjam herausgezogen wäre, um den heimkehrenden Truppen zu begegnen[2]. Interessant ist, daß Reigentänze in Ex 32 19 (E) erwähnt werden, die innerhalb des Lagers im Zusammenhang mit dem Kult des goldenen Kalbes aufgeführt wurden, das Aron verfertigt hatte. Als »Arons Schwester« gehört Mirjam der aronitischen Wüstenfestgruppe an[3]. Auf dem Hintergrund dieser Lagersituation ließe sich Ex 15 20 f. so verstehen, daß Mirjam mit den Frauen das Lager verließ, um – vielleicht im Rahmen einer Siegesfeier – den gleichsam vom Meerwunder zurückkehrenden Truppen zu begegnen. Sollte der kurze Hymnus auf die der Arongruppe angehörende Mirjam zurückgehen, so wäre er nicht spontan nach dem Ereignis entstanden, da Mirjam daran nicht beteiligt war.

---

[1] Siehe dazu neuerdings G. Fohrer a. a. O. 110 ff., der Ex 15 20 f. der Nomadenschicht zuweist. M. E. kommt eher E in Frage, da Mirjam als Schwester Arons vorgestellt wird, der nur in E ursprünglich – von P abgesehen – erwähnt worden war.

[2] L. S. Hay, What really happened at the Sea of Reeds?, JBL 83 (1964), 397–403, sieht in dem Ereignis ein »military encounter in which Israel defeated the pursuing chariotry of Pharaoh« (399). L. S. Hay geht m. E. zu weit. Es ist noch zu zeigen, daß die Auffassung des Ereignisses als eines Jahwekrieges (siehe dazu R. Smend, Jahwekrieg und Stämmebund, 1963, 79 ff.) bereits eine Deutung von Vorgängen ist, die z. T. in Ex 14 noch erkennbar sind.

[3] In Num 12 gelten beide (noch) nicht als Geschwister.

Sollte er das Ergebnis einer unmittelbaren Deutung der Vernichtung der Ägypter im Meer sein, so wäre er Mirjam in den Mund gelegt worden. Möglich ist auch, daß der Hymnus weder spontan entstand noch auf Mirjam zurückgeht. Derartige kurze Tanzlieder sind in der Regel anonymer Herkunft[4].

Die Quellenscheidung in Ex 13 17–14 31 ist nicht sicher vollziehbar[5]. Dies zeigt sich u. a. darin, daß die üblicherweise am leichtesten erkennbare Schicht, nämlich die der Priesterschrift, nach M. Noth[6] »vollständig und lückenlos« in 14 1-4. 9. 9aβ. b. 10a.bβ. 15-18. 21aα. b 22. 23. 26. 27aα. 28. 29 vorliegt, nach G. Fohrer überhaupt ausscheidet, weil »ihre Auszugserzählung bereits mit den abschließenden Formeln in 12 40-42a beendet worden ist«[7]. Wohl erinnern die Aussagen vom Verhärten des Herzens des Pharaos in 14 4. 8. 17-18 an den priesterschriftlichen Sprachgebrauch (vgl. Ex 7 13. 22 8 12), doch ist die Vorstellung, daß Mose selbst die Hand, die den ursprünglichen Stab ersetzt, ausreckt, nicht für P, sondern für E typisch. In P gebietet Jahwe durch Mose dem Aron dies zu tun (vgl. Ex 7 8. 19 8 1. 12). M. Noth[8] hält die Zuweisung von 14 11. 12. 25a an J oder E für unsicher, G. Fohrer[9] die von 14 6-7. 8-9. 10bβ. 11 12. 15. 20aα. Beide stimmen in der Herauslösung der Quelle J weitgehend überein[10]. »Nach J tat Israel während des entscheidenden Geschehens gar nichts, wie denn Mose nach v. 13. 14 J angekündigt hatte, daß es sich nur hinzustellen und das Handeln seines Gottes anzuschauen haben würde. Von einem Durchzug Israels durch das Meer ist bei J nicht die Rede[11].« Wenn sich aber die Israeliten überhaupt nicht bewegten, ist die Entstehung der Vorstellung vom Durchzug schwer zu erklären. Diese Aporie umgeht H. Gressmann, der folgende Verse J zuweist: 13 21-22 14 5b. 6. 7b. 10b. 19b 20b (gemeint ist 20aβb). 21b (gemeint ist 21aβ). 24. 27b. 30. Die entscheidenden Verse emendiert und übersetzt er folgendermaßen: »Die Wolkensäule brach von der Spitze auf und trat hinter sie (19b), und es geschah, ›daß die Wolke sich verfinsterte; da zogen sie‹

---

4 Es ist infolgedessen sehr unwahrscheinlich, daß die Prophetin Mirjam als erste im Meerwunder Jahwe als den Handelnden erkannt hat, wie H. Seebass, Der Erzvater Israel, 1966, 55, behauptet. Zur Kritik siehe G. Fohrer a. a. O. 109 Anm. 26.

5 M. Noth, Das zweite Buch Mose, 82 ff., ist anderer Ansicht.

6 A. a. O. 83. K. von Rabenau, Die beiden Erzählungen vom Schilfmeerwunder in Ex 13 17–14 3; Theol. Versuche 1966, 7–29, findet nur J und P (= 13 20 14 1-4. 8 a. 7 a α. 8 b. 9 a α b. [9 a β b] 10 b β. 11-12. 15-18. 21 a α 1. 21 b. 22-23. 26. 27 a α 1. 28-29. 31 a α b).

7 A. a. O. 98 (siehe auch die Hinweise in den Anm. 1 und 2).

8 A. a. O. 84.   9 A. a. O. 100.

10 M. Noth a. a. O. 84 J: 13 20-22 14 5 b. 6 (oder 7). 9 a α. 10 b β. 13. 14. 19 b. 20. 21 a β. 24. 25 b. 27 a β b. 30-31; G. Fohrer a. a. O. 101 J: 13 21-22 14 5 b. 10 b α. 13-14. 19 b. 20 b. 21 a β. 24. 25 b. 27 a β. 30-31 a.

11 So M. Noth a. a. O. 94; damit im wesentlichen übereinstimmend G. Fohrer a. a. O. 103.

während der Nacht (durch das Meer), ohne daß Einer dem Anderen während der ganzen Nacht zu nahe kommen konnte (20aβ. b). Jahve aber hatte das Meer durch einen starken Ostwind die ganze Nacht über zurücktreten lassen und das Meer trockengelegt (21aβ)[12].« Bedenklich ist freilich, daß der Zug (durch das Meer) ohne jegliche Textgrundlage hineingelesen ist.

Bei der Darstellung des Meerwunders fallen einige Aussagen auf, die sicherlich bei der allgemeinen Tendenz der Übersteigerung des Wunderhaften keine späteren Rationalisierungen sind. Es handelt sich vornehmlich um folgende Sätze:

»Und dem König Ägyptens« wurde gemeldet, daß das Volk geflohen sei« (14 5a).

»Und Jahwe ließ das Meer durch einen starken Ostwind die ganze Nacht hindurch weggehen und legte das Meer auf das Trockene« (14 20aβ).

»Und es geschah zur Morgenwache, da blickte Jahwe auf das Lager der Ägypter (in der Säule aus Feuer und Wolke) herunter und versetzte das Lager der Ägypter in Panik« (14 24).

»Und er ließ abweichen die Räder ihrer Streitwagen und ließ sie (nur) mühsam fahren« (14 25a).

»Und Jahwe schüttelte die Ägypter mitten in das Meer« (14 27b).

Ex 14 21aβ läßt darauf schließen, daß das Meer wieder zurückkehrte, was denn auch in v. 27aβ zum Ausdruck kommt: »Und das Meer kehrte beim Anbruch des Morgens in sein Bett zurück und die Ägypter flohen ihm entgegen.« Verbindet man diese beiden Versteile (v. 21aβ und 27aβ) miteinander, so wäre durch die Bewegung des Wassers überhaupt nichts passiert, hätten sich die Ägypter nicht in das ursprüngliche Bett des Meeres hineinbegeben. Wodurch wurde dieser verhängnisvolle Aufbruch der Ägypter ausgelöst? Nach 14 25 versetzte sie der Anblick Jahwes in Panik. In diesem Vers ist »in der Säule aus Feuer und Wolke« wohl ein Einschub, der das Ereignis mit der Sinaitheophanie-Tradition verknüpfen will. Trennte die Säule die beiden Lager, so wären die Ägypter durch einen Jahweschrecken in Form etwa eines Donnerschlages in die Richtung ihres Anmarschweges geflohen. Sie wären also nicht in das Bett des Meeres hineingerannt, vor dem die Israeliten lagerten. Man könnte meinen, daß v. 25a ein Abkommen von der Richtung und ein Steckenbleiben im Sand oder Schlamm ausdrückt. Auf Grund der Anordnung von Meer, Israeliten und Ägyptern empfiehlt es sich aber nicht, v. 25a mit v. 24 zu harmonisieren, zumal v. 24, wie noch dargelegt wird, ein Interpretament im Sinne des Jahwekrieges ist, das durch die »Säule aus Feuer und Wolke« mit der Sinaitradition kombiniert wurde.

Näherliegend ist die Annahme, daß nach dem Weggehen des Meeres die Israeliten vor den Ägyptern ausrückten. Auf diesen Aufbruch weist v. 15 hin, in dem sich auch die eigenartige Aussage findet, daß Mose zu

---

[12] Die Anfänge Israels, 1922², 52.

Jahwe schrie, also nicht der überlegene Charismatiker[13] der jahwistischen Verse 13 und 14 oder der den Stab (v. 16aα) oder seine Hand gebrauchende Wundertäter war (16aβ. 21aα. b E). Mose hat wohl im Namen Jahwes zu der in v. 5a erwähnten Flucht gerufen, in der Bedrängnis am Meer aber selbst zu Jahwe geschrieen. In der Verzweiflung zogen die Israeliten in das Bett des Meeres hinein, dessen Wasser durch den starken Ostwind weitergetrieben worden waren. Die Ägypter nahmen die Verfolgung auf, kamen aber ab und blieben mit ihren Streitwagen schließlich stecken (v. 25a). Sie sprangen von den Streitwagen (vgl. Jdc 4 15) oder fielen von den ungleichmäßig eingesunkenen Fahrzeugen herunter. Auf diese Weise »schüttelte« sie Jahwe »mitten ins Meer« (v. 27b), dessen Wasser zurückströmten[14]. Damit stimmt die Aussage des der Mirjam in den Mund gelegten Hymnus überein: »das Roß und seinen Streitwagenfahrer warf er ins Meer« (Ex 15 21bβ). Das »Sicherheben Jahwes« (15 21bα), das die Aufforderung zum Singen begründet, läßt sich vielleicht mit dem von oben erfolgten »Anblicken« zur Zeit der Morgenwache (14 24a) vergleichen, falls nicht ein allgemeines Erhabensein gemeint ist. »Und er setzte das Lager der Ägypter in Verwirrung« (v. 24b) ist eine typische Vorstellung des Jahwekrieges, wie das Vorkommen des gleichen Verbums (hmm) in Ex 23 17; Jdc 4 15 Jos 10 10 I Sam 7 10 II Sam 22 15 = Ps 18 15 Ps 144 6 erkennen läßt.

Sowohl der Hymnus Ex 15 21b als auch der dem Jahwisten angehörende Vers Ex 14 24 deuten die Vernichtung der Ägypter als eine ausschließliche Kriegstat Jahwes[15]. Besonders ausgeprägt ist diese Sicht in dem wohl vorexilischen Jerusalemer, in der 1. pers. sg. anhebenden Hymnus Ex 15 1-18, der Mose – und zusätzlich den Israeliten – in den Mund gelegt wurde und vielleicht ein vorgeschaltetes Gegengewicht zu dem sogenannten Mirjamlied in Ex 15 20 f. bilden soll[16].

---

[13] R. Smend, Das Mosebild von Heinrich Ewald bis Martin Noth, 1959, 59, teilt mit, daß A. Alt in seinen letzten Jahren Mose als charismatischen Führer verstehen wollte. R. Smend ist in seiner Untersuchung »Jahwekrieg und Stämmebund«, 1963, 92 ff., dahingehend sehr zurückhaltend. Verfehlt dürfte es sein, Mose in die Reihe der großen Richter einzuordnen (so R. Smend a. a. O. 92). Für Mose als Charismatiker spricht, daß er eine umstrittene Gestalt war, wie das »Murren« des Volkes und die Betonung seiner Legitimation in Ex 4 1 ff. 14 30 b-31 a indirekt erkennen lassen. Der Vermutung R. Smends (a. a. O. 79 ff.), daß Angehörige der Rahelstämme, die er als Träger des Jahwekrieges nachweist, am Meerwunder beteiligt waren, steht die These G. Fohrers (ThLZ 91 [1966], 812 f. 901) entgegen, nach der das Haus Joseph z. Z. Moses schon im Lande gewesen sei.

[14] Diese Version ist der Quelle L/N zuzuschreiben, der vielleicht folgende Verse angehören: 13 20 14 1–2. 5a. 6. 8aβ. 9b. 15aβ.b. 16aα (+ »und spaltete es«). 25a. 27b. 31aα.

[15] Dies gilt für die ganze jahwistische Schicht, der m. E. folgende Verse zuzuzählen sind: 13 21–22 14 5b. 7. 9a. 10b. 11a. 13–14. 19b. 20a. 24. 25b. 27aβ. 30. 31aβ.b.

[16] Erwägenswert wäre, ob sich Ex 15 1 (ohne Zusätze »und die Israeliten« und »und sie sprachen«) an den jahwistischen Bericht in Ex 14 in dem Sinn anschloß, daß der

Eine andere Deutung, die das Mitwirken Moses betont, bietet die elohistische Schicht[17]. Sie ersetzt den Stab Moses (Ex 14 16aα), dessen Schlag eine spaltende Wirkung hat (vgl. Ex 17 5 f. Num 20 11), durch seine Hand. Das Erheben derselben in Gottes Auftrag bewirkt eine Teilung der Wasser, die eine Umdeutung des durch den starken Ostwind hervorgerufenen Weggehens des Meeres darstellt (14 21aβ). In Ex 14 ist nicht vom »Schilfmeer« die Rede. Doch läßt die elohistische Angabe von Ex 13 18a, in der »Schilfmeer« vielleicht ein Zusatz ist, erkennen, daß das Wunder an den Golf von Akaba verlegt wurde, der, abgesehen von der einzigen eindeutigen Ausnahme in Ex 10 19, als »Schilfmeer« bezeichnet wird (vgl. I Reg 9 26). Ex 15 22a ist wohl eine redaktionelle Überleitung (anders Num 33 8), in der »Schilfmeer« vielleicht auf Ex 15 4 zurückgeht. Ein Durchzug durch diesen Meeresarm wäre nur nach einer Spaltung der Wassermassen möglich gewesen (vgl. Ps 136 13 ff.)[18]. Diese Lokalisierung des Meerwunders setzt voraus, daß der Sinai in Nordwestarabien lag[19].

Charismatiker Mose, der im Namen Jahwes den Exodus verheißen hatte und durch die Vernichtung der Ägypter gerechtfertigt worden war, Jahwe pries. Doch dürfte es besser sein, den Hymnus in Ex 15 1b–18 als eine Einheit zu betrachten. Auffallend ist, daß in diesem Jerusalemer Lied (siehe dazu H. Schmid, Jahwe und die Kulttraditionen von Jerusalem, ZAW 67 [1955], 169 ff.) auch die ostjordanische Tradition zur Sprache kommt (v. 15), die in anderer Form vor allem im Dtn betont wird. Der Grund liegt wohl darin, daß in Jerusalem die ostjordanische Mosetradition, die Spannungen mit den Moabitern kennt, rezipiert und damit die Feindschaft mit Moab (freundschaftliche Beziehungen setzen I Sam 22 3 f. und Ruth voraus) übernommen wurde.

[17] Elohistisch dürfte sein 13 17-19 14 3. 10a. 11b. 15aα. 16aβ.b. 19a. 20b. 21aαb. 22. 26. 27aα.
Beachtlich ist, daß Mose die Gebeine Josephs überführte (13 19; vgl. Gen 50 25 f.), der sein Grab in Sichem, also im Nordreich, hatte (Jos 24 32). In bezug auf den »Engel Gottes« (Ex 14 19a) ist J. Maier (brieflich) der Ansicht, daß derselbe auf eine in Jdc 2 1 ff. durchschimmernde Lokaltradition aus Gilgal und Bokim – im Nordreich gelegen – zurückzuführen ist und mit dem Exodus und Eisodus in Zusammenhang gebracht wurde (vgl. Ex 23 20 32 34). Ob auch Jos 5 13 ff. heranzuziehen wäre? Dies und zahlreiche weitere Merkmale sprechen dafür, daß E aus dem Nordreich stammt; siehe dazu O. Procksch, Das nordhebräische Sagenbuch. Die Elohimquelle, 1906; neuerdings E. Sellin – G. Fohrer, Einleitung in das Alte Testament, 1965^10, 172 f., und A. W. Jenks, The Elohist and North Israelite Traditions, HThR 58 (1965), 455.

[18] A. Lauha, Das Schilfmeermotiv im Alten Testament, SVT 9 (1963), 32 ff., hat darauf aufmerksam gemacht, daß das »Schilfmeermotiv« in vorexilischer Literatur selten ist. Zu den S. 36 angeführten Belegstellen ist zu sagen, daß in Ex 15 21 nicht der Terminus »Schilfmeer« vorkommt; in Jdc 11 16 ist von keinem Wunder die Rede. Abgesehen von dem wohl vorexilischen Meerlied (Ex 15 4) und von Jos 24 6 begegnet der Ausdruck »Schilfmeer« als Stätte des Durchzugs in Dtn 11 4 und beim Deuteronomisten (Jos 2 10 4 23; vgl. Ps 106 7. 9. 22 136 13. 15 Neh 9 9).

[19] Siehe oben 19 f.

Waren die Errettung der Israeliten und die Vernichtung der Ägypter im wesentlichen durch eine Bewegung des Meeres bewirkt worden (Ex 14 21aβ), so ist von vornherein anzunehmen, daß Mose dabei nur eine untergeordnete Rolle spielen konnte. Aus 14 15a geht hervor, daß er in der Bedrängnis zu Jahwe schrie. Ob er beim Weggehen des Meeres die Israeliten aufbrechen ließ oder ob diese spontan vor den Ägyptern flohen, läßt sich nicht mehr ermitteln. Die Quellenschichten schreiben Mose eine passive oder aktive Teilnahme an dem Ereignis zu. Im großen und ganzen kommt es darauf an, wie »Gewicht und Stabilität alter Traditionen«[20] eingeschätzt werden. Das in Ex 14 15a implizierte Schreien Moses in der Not hat m. E. besonderes Gewicht. Mose hat wohl im Namen Jahwes zur Flucht aus Ägypten aufgefordert (Ex 15 5a). Seine vorhergehende eigene Flucht nach Midian, die sich historisch nicht gut bezweifeln läßt, soll vielleicht in der legendären Darstellung in Ex 2 15a. bα einen Bezug auf die Flucht des Volkes enthalten. Durch die Errettung am Meer wurden sowohl Jahwe als auch »sein Knecht« Mose als vertrauenswürdig erwiesen (Ex 14 31b). Kam es nach dem Exodus zu einer Begegnung mit den Midianitern, denen Jahwe nicht unbekannt war, so erwies sich der Jahweglaube der Moseschar durch die erfahrene Errettung reicher als der midianitische Glaube, auch wenn beide Gruppen Jahwe als »Vatergott« verstanden haben sollten (vgl. Ex 18)[21]. Mit der Wüstenfestgruppe in Kadesch hatte man, abgesehen von sippenmäßigen Banden und vielleicht Vätergöttern, eine Befreiung aus Ägypten gemein, die allerdings bei der Moseschar im Zeichen Jahwes wesentlich dramatischer verlaufen war. Die Moseschar zog weiter zu dem nordwestarabischen Sinai, wie die verschiedenen Itinerare nahelegen[22].

---

[20] Nach G. v. Rad, Literarkritische und überlieferungsgeschichtliche Forschung am Alten Testament, VF 1947/48 (1950/51), 176, unterschätzt M. Noth, der weitgehend auf Thesen G. v. Rads fußt, beides.

[21] Vgl. H. Seebass, der Erzvater Israel, 1966, 55. Beide verehrten vielleicht den Gott Abrahams, da Midian als Abraham- und Keturasohn galt (Gen 25 1 f.).

[22] Siehe unten 26.

V. Sinai und Gottesberg

Es wurde bereits festgestellt, daß sich die Theophanie auf dem Berg Sinai von dem Wohnen Gottes auf dem Gottesberg unterscheidet. Dieser Unterschied läßt auf zwei Berge schließen, von denen der Sinai vulkanisch war und in Nordwestarabien lag, der Gottesberg hingegen bei Kadesch zu vermuten ist (S. 29).

1. DIE SINAITHEOPHANIE

J. Jeremias[1] hat die Eigenständigkeit der Sinaitheophanie, die nicht einmal auf die Darstellungen des Kommens Jahwes vom Sinai einwirkte (Dtn 33 2 Jdc 5 4 Ps 68 9. 18 Hab 3 3), herausgearbeitet und darauf hingewiesen, daß die Theophanieschilderungen Züge eines Vulkanausbruchs (J und Dtn) oder eines Gewitters (E) erkennen lassen. Diese Phänomene finden sich – von Dtn und P abgesehen – nur in Ex 19 f. und 34 (vgl. I Reg 19). Sieht man in dem Sinai einen Berg und versteht man die Begleiterscheinungen »dichtes Gewölk« (Ex 19 9), »Donnerschläge, Blitze, schwere Wolke« (Ex 19 16), »Feuer und Rauch« (Ex 19 18), »Donnerschläge und Fackeln« (Ex 20 18) und »Wolke« (Ex 34 5) im wörtlichen, und nicht in einem poetischen, ausschließlich kultischen[2] oder folkloristisch-parapsychologischen Sinn[3], so ist es wenig wahrscheinlich, daß ein Mensch bei einem Gewitter auf einen hohen Berg steigt; bei einem Vulkanausbruch ist dies absolut unmöglich. Das Erzittern des Volkes bestätigt diese Feststellung (Ex 19 16 20 18)[4]. Am ursprünglichsten wirkt die Beschreibung der Sinaitheophanie in Ex 19 18: »Und der Berg Sinai war ganz in Rauch davor, daß Jahwe im Feuer auf ihn herabgefahren war, und sein Rauch stieg auf wie der Rauch eines Schmelzofens, und der

---

1 Theophanie, 1965, 100 ff.

2 F. Schnutenhaus, Das Kommen und Erscheinen Gottes im Alten Testament, ZAW 76 (1964), 13, möchte das Herabkommen Jahwes auf den Sinai in der Wolke (= ursprünglich die Staubwolke der Wüste!) auf sein Herabkommen an den Eingang des Zeltes zurückführen (Ex 33 9 Num 11 25 12 5). Unten nehme ich die umgekehrte Folge an.

3 So F. Dumermuth, Biblische Offenbarungsphänomene, ThZ 21 (1965), 1–21, gegen W. Beyerlins teilweise kultgeschichtliche Interpretation. Wenn W. Beyerlin a. a. O. 165 ff. in Kadesch – und nicht am Sinai – den Ort der Entstehung eines Urdekalogs sieht, so geht daraus hervor, daß Gebote nicht so leicht auf eine Theophanie zurückzuführen sind.

4 Nach J. Jeremias a. a. O. 102 Anm. 1 erzitterte in Ex 19 18 bei der Vulkantheophanie nicht der Berg, sondern das Volk.

ganze Berg erzitterte sehr.« Trotz aller Urtümlichkeit liegt bereits eine
Umprägung vor. Das »Herabfahren« Jahwes – vielleicht darf man sogar
»davor, daß Jahwe im Feuer auf ihn herabgefahren war« als Interpretament überlieferungsgeschichtlich ausklammern – hängt kaum mit der
ursprünglich vulkanischen Erscheinung zusammen, sondern geht auf
die Vorstellung von J und L/N zurück, wonach Jahwe im Himmel wohnt
und gelegentlich heruntersteigt (Gen 11 5. 7 L/N Ex 19 11 J). In Ex 19 18
löst das Herabsteigen Jahwes den Vulkanausbruch aus. Religionsge-
schichtlich gesehen war Jahwe vielleicht eine Vulkangottheit des Berges
Sinai. Er brauchte nicht vom Sinai zu kommen, wenn er überall vom
Himmel herabzusteigen vermag. Die Vorstellung von der Epiphanie des
Sinaigottes beruht wohl darauf, daß Jahwe auch als eine mit der vulkanischen Eruption zusammenhängende Sturmgottheit (vgl. I Reg 19 11)
aufgefaßt wurde[5], die anderswo ebenfalls erscheinen konnte. Jahwes
»Anblicken« und »Anrühren« genügen, um die Erde beben und die Berge
rauchen zu lassen (Ps 104 32 144 4b). Mit Recht vermutet J. Jeremias[6] hier
einen Einfluß der Sinaitheophanie, die allerdings vom Berg Sinai losgelöst ist. Alt ist zweifellos die enge Verbindung Jahwes mit dem Sinai,
so daß »Sinai« sogar zur Gottesbezeichnung werden konnte[7].

Auffallend ist, daß die Begleiterscheinungen der Theophanie in der
Darstellung an Wildheit verlieren, wenn Mose den Berg besteigt. In dem
theologisch durchreflektierten Verbindungsstück Ex 20 18-21, das wohl ursprünglich vor dem Dekalog seinen Platz hatte, steht nicht mehr die
Erscheinung Jahwes im Mittelpunkt. »Donnerschläge«, »Fackeln«, »Hörnerschall«[8] und der »rauchende Berg« jagen dem Volk dermaßen viel
Angst ein, daß es Mose zum alleinigen Mittler[9] bestellt, der dann in dem

---

[5] Jahwe war ursprünglich kaum eine ausgesprochene Wetter-Gottheit, wie W. Ger-
   hardt, Jr., The Hebrew-Israelite Weather-Deity, Numen 13 (1966), 128–143, unter
   Hinweis auf Ex 19 6 Jdc 5 4 f. II Sam 22 14–16 Ps 29 3 68 33 f. Hi 36 27–30 Jes 30 30
   Sach 10 1 annimmt.

[6] A. a. O. 21. Wie es dazu kam, daß Jahwe vom Sinai in Kanaan erscheint, braucht
   hier nicht weiter untersucht zu werden. Vermutlich wirkte die Vorstellung von Baal
   als von dem Wolkenreiter ein (siehe J. Jeremias a. a. O. 73 ff.). Genuines Zeichen
   der Gegenwart und zugleich Verhüllung des Sinaigottes ist die Wolken- und Feuersäule. Weist Ex 3 2 auf sie hin? In J wird die Wolken- und Feuersäule nur auf dem
   Zug *zum* Sinai erwähnt (Ex 13 21 f. 14 19. 24). Siehe dazu J. Koenig, Aux origines
   des théophanies iavistes, RHR 169 (1966), 1–36.

[7] Siehe oben 28.

[8] Es läßt sich kaum bestreiten, daß auf die Darstellungen der Sinaitheophanie kultische Praktiken einwirkten. W. Beyerlin a. a. O. 153 ff. führt den »Schall des
   Widderhornes« auf das Schopharblasen, alle Raucherscheinungen auf die Räucherpraxis zurück. Das Urbild dürften aber doch vulkanische Erscheinungen gewesen
   sein.

[9] H. Seebass hat seine Ansicht, »daß Mose nicht vom Berg Sinai, von Jahwes Wort
   und dem dort offenbar werdenden unscheinbaren Mittlertum getrennt werden

»Dunkel« verschwindet, »in dem Gott war«. Nach Ex 19 9a J (vgl. 34 5 J)
kündigte Jahwe sein Kommen im »dichten Gewölk« an.

Wie redete Jahwe zu Mose? Eigenartig ist die Aussage in Ex 19 19b
(E): »Mose redete, und Gott antwortete ihm ›in einer (hörbaren)
Stimme‹[10] bzw. ›im Donner‹[11].« Für die Übersetzung von qôl mit »hör-
barer (d. h. artikulierter) Stimme« spricht, daß Gottes Mitteilung ver-
stehbar war. Für die zweite Übersetzung spricht, daß qôl – der pl. wurde
oben mit »Donnerschlägen« wiedergegeben (Ex 19 16) – »durchweg den
Donner als Jahwes Kriegerstimme oder sein machtvolles Brüllen«[12] meint.
Diese Zwiespältigkeit wird in I Reg 19 9a. 11. 13a (vgl. Ex 33 22) in einer
gewissen Unausgeglichenheit dahingehend aufgelöst, daß Jahwe zwar im
Sturm, im Erdbeben und Feuer vorübergeht, aber nur dann verweilend
präsent ist, wenn er sich aus der Windstille von Elia vernehmen läßt[13].
Geht Ex 20 18-21 im elohistischen Zusammenhang dem Dekalog voraus[14],
so hätte Gott mit Mose artikuliert geredet (20 1). Ähnlich ist der Sachverhalt in Dtn 4 f. Zwar heißt es dort in der Einführung zum Dekalog
in 5 4 »Von Angesicht zu Angesicht sprach Jahwe mit euch auf dem Berg
mitten aus dem Feuer« (vgl. 5 22 ff. 9 15; siehe auch Ex 3 2); in dem vermutlich sekundären Vers 5 5 ist jedoch zu lesen: »Ich aber stand zwischen
Jahwe und euch, um euch das Wort Jahwes kundzutun, denn ihr fürch-
tetet euch vor dem Feuer und stieget nicht auf den Berg . . .« In beiden
Fällen ergeht das Jahwewort in verständlicher Rede. Auch aus Dtn 4 ist
zu ersehen, daß der Berg »mit Feuer brannte« (vgl. 9 15) und Jahwe der
ganzen Gemeinde den Dekalog »mitten aus dem Feuer heraus« (vgl. 9 10)
verkündete. Seine Stimme (qôl) war vernehmbar, seine Gestalt jedoch
nicht zu sehen (v. 11 ff.), womit die Bildlosigkeit seiner Verehrung begründet und gefordert wird. Vermerkt sei noch, daß die Vorstellung von
dem brennenden Berg und der Rede aus dem Feuer an die Erscheinung

---

kann« (Mose und Aaron, Sinai und Gottesberg, 1962, 119), inzwischen aufgegeben,
da aus Ex 20 19. 22 hervorgeht, »daß es eine Erzählung von der Sinaitheophanie
gegeben hat, in der Jahwe direkt mit dem Volk geredet hat und nicht mit Mose
(19 9a. 19b)« (Der Erzvater Israel, 1966, 85 Anm. 146). Es fragt sich m. E., ob die
Vorstellung von der Rede Jahwes an alles Volk auf einer »Demokratisierung« beruht und die Sinaioffenbarung ohne Mittler ursprünglich nicht möglich war. So auch
H. Gese, Bemerkungen zur Sinaitradition, ZAW 79 (1967), 143 f.

[10] So M. Noth, Das zweite Buch Mose, 122.
[11] So O. Eissfeldt, Hexateuch-Synopse, Neudruck 1962, z. St. Nach W. Gerhardt, Jr.,
a. a. O. 133 hätte sich Mose mit dem Donner unterhalten.
[12] So J. Jeremias a. a. O. 108 mit Hinweis auf Am 1 2 Jer 10 13 Ps 18 14 29 3 ff. 46 7
68 34 ff. 77 19 104 7.
[13] Siehe G. Fohrer, Elia, 1968², 21 f.; J. Jeremias a. a. O. 112 ff. und H. Gese a. a. O.
145 f.
[14] So G. Fohrer, Das sogenannte apodiktisch formulierte Recht und der Dekalog,
KuD 11 (1965), 59.

des Engels Jahwes »in der Flamme des Feuers mitten aus dem Dornbusch«, der »mit Feuer brannte«, in Ex 3 2.4 erinnert, wo ebenfalls Jahwe
verständlich sprach. Vielleicht hat auch die Wolken- und Feuersäule hier
ihren Ursprung. Die Wolkensäule wurde mit dem Zelt der Begegnung
verbunden (Ex 33 9 Num 11 25 12 5), das ursprünglich für jeden zugänglich war (vgl. Ex 33 7). Am Eingang redete Jahwe aus der Wolkensäule
verständlich zu dem im Zelt befindlichen Mose.

Die bisherige Untersuchung zeigte, daß Jahwes Offenbarung an Mose
oder an das Volk artikuliert ergangen ist. Trotzdem scheint die Wiedergabe der *qôl* Gottes in Ex 19 19b mit »Donner« oder mit »Geräusch«
tektonischen Ursprungs vorzuziehen zu sein. Dann ist es allerdings notwendig, daß diese nicht artikulierte *qôl* in menschlicher Rede interpretiert
wurde. Mit anderen Worten: Die Sinaitheophanie bedurfte eines Mittlers.
Es kann vermutet werden, daß schon in der midianitischen Tradition die
Bekanntgabe von Geboten und Verboten durch die Interpretation auf
eine göttliche *qôl* zurückgeführt wurde. Ist Mose in Ex 3 1-6 in eine
midianitische Entdeckersage eingedrungen, so ist damit zu rechnen, daß
er in der Sinaitradition die Stelle eines midianitischen Mittlers – Jitros? –
eingenommen hat, der deswegen nicht erwähnt wird.

Die Schwierigkeit des Verhältnisses von Theophanie zur »Gesetzgebung« bleibt bestehen. Sie kommt in zwei neueren Monographien indirekt zum Ausdruck: J. Jeremias[15] stößt nicht auf Gebote als Folge einer
Theophanie, E. Gerstenberger[16] findet den Ursprung des sogenannten
apodiktischen Rechts nicht in einer Theophanie. In bezug auf diese pro-
blematische Relation ist Ex 34 1-28 zu untersuchen. Der Abschnitt ist stark
überarbeitet. Nachträglich ist in v. 1 und 4 die Verknüpfung mit den
»ersten« Steintafeln in Ex 32 19, die wahrscheinlich in der Auseinandersetzung Moses mit Aron wegen des Kultbildes überlieferungsgeschichtlich nicht ursprünglich sind. Allgemein anerkannt ist, daß Ex 34 weitere
Zusätze enthält[17]. Im Mittelpunkt stehen schwer fixierbare »zehn Worte«,
die G. Fohrer[18] in vier positiv formulierte apodiktische Anordnungen für
besondere Tage des Jahres (v. 18aα. 21a. 22a. 26a), in vier negativ formulierte
Anordnungen über Fragen des Opferwesens (v. 20bβ. 25a. 25b. 26b) und in
zwei Verbote aufgliedert (v. 14a. 17), die den beiden ersten Dekalog-
verboten entsprechen. G. Fohrer hält es für möglich, daß die zwei ersten
Gruppen judäischen Heiligtumsregeln entstammen. Auf Grund des Ter-

---

[15] A. a. O.
[16] Wesen und Herkunft des ›apodiktischen Rechts‹, 1965. F. Schnutenhaus a. a. O. 14 ff.
    20 leitet die Gebote nicht aus der Theophanie, sondern aus einem »Bundesfest« ab.
[17] Siehe dazu W. Beyerlin a. a. O. 30 ff. und 90 ff. H. Seebass, Mose und Aaron, Sinai
    und Gottesberg, 1962, 50, geht wohl zu weit, wenn er die v. 1-7. 9aβ.bα1. 11-28bα
    dem Deuteronomisten zuweist und lediglich den Rest für jahwistisch hält.
[18] In E. Sellin – G. Fohrer a. a. O. 74 f.

minus »Haus Jahwes« (v. 62a) ist m. E. vornehmlich an Jerusalem zu denken, dessen jebusitische Vorbewohner in v. 11 erwähnt werden. Auch die eigenartige Formulierung »Du sollst dich nicht vor einem anderen El niederwerfen!« (v. 14a) könnte jerusalemisch sein, da dort El Eljon mit Jahwe gleichgesetzt wurde (vgl. Gen 14 18 ff.)[19]. Bemerkenswert ist, daß die Dekalogverbote des Fremdkultes und des Kultbildes vorangestellt[20] und mit den übrigen Anordnungen in einen $b^e r\hat{\imath}t$-Akt eingeschlossen sind, bei dem Jahwe nach dem jetzigen Zusammenhang die Vertreibung der Völker selbst zusichert[21] und Mose – und durch ihn Israel (v. 27) – auf die Einhaltung seiner Anordnungen verpflichtet. Lose ist die Verknüpfung mit der Jahwetheophanie auf dem Berg Sinai (Ex 34 5), zumal es in dem jetzigen Textbestand von 34 1-9 auch noch um das Mitziehen Jahwes (vgl. 33 16) und nicht nur eines Engels oder seines Antlitzes (vgl. 33 2. 14) geht[22]. Die Theophanie vollzieht sich durch ein Herabsteigen Jahwes »in der Wolke« (34 5), von sonstigen Begleiterscheinungen ist keine Rede. Daß sich Mose dort für Jahwe »hinstellt auf den Gipfel des Berges« und

---

[19] Siehe H. Schmid, Jahwe und die Kulttraditionen von Jerusalem, ZAW 67 (1955), 168–197, und W. H. Schmidt, Königtum Gottes in Ugarit und Israel, 1966², 23 ff.

[20] G. Fohrer a. a. O. 49–74 (siehe auch E. Sellin – G. Fohrer a. a. O. 73 f.) hat auf Grund der jeweiligen Strukturen nachgewiesen, daß der Dekalog aus drei verschiedenen Reihen zusammengesetzt ist:
a) Gebote I, II, III, IX und X,
b) Gebote VI, VII und VIII,
c) Gebote IV und V.
Die Gebote I, II und III seien für die Mosezeit durchaus möglich. Auf Parallelisierungen im Dekalog macht H. Gese, Der Dekalog als Ganzheit betrachtet, ZThK 64 (1967), 121–128, besonders 130 ff., aufmerksam; im 1. und 2. Gebot gehe es um die Exklusivität und Personalität Jahwes (132). Konservativ ist G. J. Botterweck, Form- und überlieferungsgeschichtliche Studie zum Dekalog, Concilium 1 (1965), 392–401, wenn er meint, Mose seien ethische Maximen aus Ägypten geläufig gewesen (398). Es ist besser, im nomadischen Bereich der Moseschar und der Midianiter zu bleiben. E. Nielsen, Die Zehn Gebote. Eine traditionsgeschichtliche Skizze, 1965, 125 ff., nimmt an, daß die ersten vier Gebote mosaische Traditionen enthalten. K.-H. Bernhardt, Gott und Bild, 1956, 154, führt das Bilderverbot in die Mosezeit zurück; sein Bezug auf die Lade ist indessen verfehlt.

[21] O. Eissfeldt, Das Gesetz ist zwischeneingekommen, ThLZ 91 (1966), 1–6, erkennt in Ex 34 10–13. 15–16 einen eigenen literarischen Faden (anders ders., Hexateuch-Synopse z. St.), dem 24 13a. 14. 15a vorausgeht und auf den Ex 32 17–18. 25–29 folgen soll. Erwägenswert ist m. E., ob in Ex 34 die judäische Landnahme, an der Mose nicht beteiligt war, durch eine Verheißung post festum gerechtfertigt werden sollte. Siehe zur Geschichte der $b^e r\hat{\imath}t$-Vorstellung G. Fohrer, Altes Testament – »Amphiktyonie« und »Bund«?, ThLZ 91 (1966), 801–816. 893–904, und zum Begriff $b^e r\hat{\imath}t$ E. Kutsch, Gesetz und Gnade, ZAW 79 (1967), 18–35.

[22] Siehe dazu H. Kosmala, The so-called Ritual Decalogue, ASThI 1 (1962), 31–61; auch W. Beyerlin a. a. O. 104 ff.

Jahwe sich »zu ihm dort hinstellt« (v. 2 und 5), erinnert an Ex 33 18 ff. (vgl. I Reg 19 9a. 11-13a). M. Noth[23] vermutet in Ex 33 18 ff., daß »eine bestimmte Lokalkenntnis und damit vielleicht eine sinaitische Lokaltradition zugrunde« liegt. M. E. hat auch schon die Gottesbergtradition, die in Ex 17 6 einen bestimmten Felsen erwähnt, auf die Sinaitheophanie eingewirkt[24]. Gerade die lose Verbindung von Sinaitheophanie und Gesetzgebung in Ex 34 läßt vermuten, daß ein Schema vorliegt, das ursprünglich eine enge Zusammengehörigkeit der beiden Elemente kannte.

Zweifellos spielte die Sinaitheophanie eine Rolle im Jerusalemer Kult (vgl. Ps 68 9. 18), wo Mose und Aron außer Samuel ein hohes Ansehen als Priester genossen (Ps 99 6 f.)[25]. Es geht aber nicht an, diese Theophanie samt Begleiterscheinungen restlos aus dem Jerusalemer Kult herleiten zu wollen[26], da es dann nicht erklärbar ist, warum diese Kultpraxis nicht auf andere Theophanieschilderungen eingewirkt hat[27]. Das Urbild dürfte die Theophanie mit vulkanischen Begleiterscheinungen auf dem Berg Sinai in Nordwestarabien gewesen sein, wobei aus der unartikulierten *qôl* Jahwes durch einen Mittler Prohibitive abgeleitet wurden, die für das Volk Jahwes konstitutiv waren[28]. Da das Verbot des Fremdkultes und vor allem des Kultbildes im weiteren Verlauf der Mosegeschichte eine große Rolle spielte (Ex 32), dürften diese beiden Anordnungen, die der »ethische Dekalog« (Ex 20 und Dtn 5) mit dem »kultischen« (Ex 34) gemeinsam hat, neben Prohibitiven aus dem Sippenethos in die mosaische Zeit zurückgehen. Es beruht wohl nicht nur auf rationaler deuteronomischer Theologie, wenn in Dtn 4 die bildlose Gottesverehrung aus der Theophanie auf dem Horeb – womit der Sinai gemeint ist – abgeleitet wird, bei der eine »Stimme (*qôl*) von Worten« hörbar, jedoch keine »Gestalt« sichtbar war (v. 12)[29]. Im übrigen dürfte es unmöglich sein, die ur-

---

[23] Das zweite Buch Mose, 212.

[24] Siehe dazu H. Seebass, Mose und Aaron, Sinai und Gottesberg, 1962, 116 f.

[25] Da Ps 99 1b höchstwahrscheinlich (vgl. J. Maier, Das altisraelitische Ladeheiligtum, 1965, 53 f.) auf den auf den Keruben im Allerheiligsten thronenden Jahwe anspielt, dürfte der Psalm vorexilisch sein. H. J. Kraus, Psalmen, II, 1961², 682 f., kommt zu dem Schluß: »Vielmehr spricht nichts gegen eine vorexilische Herkunft des Liedes.«

[26] So W. Beyerlin a. a. O. 158 ff.; dagegen auch J. Jeremias a. a. O. 118 ff.

[27] Siehe dazu J. Jeremias a. a. O. 100 ff.

[28] Siehe dazu E. Gerstenberger a. a. O. 107 ff. Etwas pauschal, aber wohl das Richtige treffend, schreibt H. Seebass, Der Erzvater Israel, 1966, 85, daß, »Die schon seit älterer Zeit bekannte Sinaitheophanie ... auf das Mosevolk übertragen, und das Volk ... Jahwes Volk« wird. »Dabei übernimmt es die schon vorhandene Sakralgesetzgebung des hl. Berges ...«, zu der H. Seebass ebenfalls das Verbot des Kultbildes rechnet (86).

[29] Die Einzigartigkeit Jahwes, die eine Tendenz zur Ausschließlichkeit in sich birgt, wird in Ex 18 8a 9–11a durch das Auszugsgeschehen begründet.

sprünglichen sinaitischen »Gesetze« sicher zu bestimmen, da wohl schon
sehr früh »Satzung und Recht« aus dem Bereich von Kadesch (Ex 15 25b),
wo die Gerichtsquelle lag (Gen 14 7), unter der Sinaigesetzgebung sub-
sumiert wurden[30]. Auch die levitische Thorabelehrung wirkte ein
(Dtn 33 10). Mit midianitischen Einflüssen ist ebenfalls zu rechnen (vgl.
Ex 18 13ff.).

Eine Unausgeglichenheit mit der mündlichen Bekanntgabe der Gebote
stellt die Übergabe der von Jahwe beschriebenen Steintafeln dar (Dtn 4 13
9 15 10 1-5). E berichtet den Empfang dieser Tafeln auf dem Gottesberg,
der ursprünglich nicht mit dem Sinai identisch war (Ex 24 12. 13b. 18b
32 19ff.), nachdem Mose bereits »die Worte Jahwes« in die »Rolle der
$b^e rît$« niedergeschrieben hatte (Ex 24 4aα. 6a). Im ersten Fall liegt eine
Ätiologie der Steintafeln, die in Dtn 9 9.11. 15 als »Tafeln der $b^e rît$«
und in Ex 31 18b 32 15 34 29 als »Tafeln der 'edut« bezeichnet werden,
im zweiten Fall eine Ätiologie der »Rolle der $b^e rît$« zugrunde.
In Ex 34 10aα. 27-28 (J) wird die mündliche Bekanntgabe der Worte mit
ihrer schriftlichen Fixierung auf den beiden Tafeln dadurch ausgeglichen,
daß erstere auf Jahwe, das zweite auf Mose, dessen Bedeutung hiermit
unterstrichen wird (»mosaisches Gesetz«!), zurückgeführt wird. Aber nur
bei J und im Dtn stehen die Tafeln in einem Zusammenhang mit dem
Jahwe, der im Feuer oder im Rauch (Sinaitradition) erschienen ist. Bei E
erfolgt ihre Übergabe auf dem Gottesberg, über den anschließend zu
handeln ist.

2. DER GOTTESBERG

Während bei J und L/N Jahwe unter vulkanischen oder Gewitter-
Phänomenen auf den Berg Sinai herabsteigt, spricht E vom Gottesberg
als dem Wohnort Gottes, den Mose betreten darf (Ex 19 2b. 3a. 20 24 12. 13b
32 15)[31]. Hier liegt der Einfluß einer Vorstellung von einem heiligen Berg
vor, der nicht mit dem vulkanischen Sinai identisch ist. Weder bei der
$b^e rît$-Zeremonie in Ex 24 3-8 noch beim Empfang der beiden von Gott
beschriebenen Steintafeln, die am Fuß des heiligen Berges vernichtet
wurden (Ex 24 12. 13b. 18b 31 18b 32 19ff.), werden irgendwelche Begleiterscheinungen einer Theophanie erwähnt. Das Problem dieses Gottesberges, der nicht mit dem Sinai identisch ist, aber mit ihm verknüpft
wurde, soll an Hand folgender Perikopen untersucht werden, wobei es
sehr fraglich ist, ob in dem ersten Text der gleiche Gottesberg gemeint
ist: Ex 17 8-16 24 1-2. 9-11 24 3-8 24 13a. 14-15a.

---

[30] Siehe W. Beyerlin a. a. O. 165 ff.
[31] Nach dem Fragment Ex 19 13b soll eine Gruppe auf den Berg steigen. W. Beyerlin
a. a. O. 11 hält einen Zusammenhang mit Ex 24 1a. 9–11 für möglich.

a) Ex 17 8-16

M. Noth[32] hält den Text auf Grund des unvermittelt in v. 9 auftauchenden Hügels für eine Lokaltradition. Wo lag derselbe? Die Lokalisierung »in Rephidim« (v. 8) geht auf die Itinerarnotiz in v. 1bα zurück, die ihrerseits vermutlich aus einem umfangreichen Itinerar stammt. Da das sich an diesen Vers anschließende Quellwunder von Massa und Meriba im Oasenbereich von Kadesch anzunehmen ist, könnte Rephidim auch dort zu suchen sein. Dem widerspricht aber, daß Rephidim sowohl nach Ex 19 2a als auch nach Num 33 14 vor der Sinai-Wüste, also östlich des Golfes von Akaba liegt (siehe oben 19 f.). Bemerkenswert ist, daß nicht nur die Sage vom Quellwunder, sondern auch die Amalekiterschlacht in die Gegend von Kadesch weisen. Die Amalekiter sind als Bewohner des Negeb bezeugt (Num 13 29 14 43. 45; vgl. I Sam 15 1 ff. 27 8 30 1). Nach Gen 14 7 lag das »ganze Gefilde der Amalekiter« bei der Gerichtsquelle von Kadesch. Infolgedessen ist anzunehmen, daß sowohl das Quellwunder als auch die Amalekiterschlacht fälschlich mit Rephidim in Zusammenhang gebracht wurden. Im jahwistischen Kontext, in dem Num 13 26 Kadesch erwähnt, fragt es sich, ob der »Gipfel des Hügels« in Ex 17 9 mit dem »Gipfel des Berges« in Num 14 40. 44 kombiniert werden darf, zumal dort die Amalekiter neben Kanaanäern einen Einfall in das Kulturland aus dem Süden vereitelten (Num 14 39-45). Doch legt die Erwähnung von Horma, vermutlich identisch mit dem *tell el-mšaš* östlich von Beerseba[33], nahe, daß dieser Berg über 80 km nördlich von Kadesch lag, während der »Gipfel des Hügels« von Ex 17 9 näher bei Kadesch zu vermuten ist. Eine absolute Sicherheit ist nicht zu gewinnen.

Auffallend ist in Ex 17 9, daß Mose von sich aus – ohne Gottesbefehl – Josua mit der Kriegführung gegen die angreifenden Amalekiter beauftragt und ankündigt: »Morgen werde ich auf dem Gipfel des Hügels stehen und der Gottesstab wird in meiner Rechten sein« (v. 9b). Nach M. Noth ist die »Bemerkung über den ›Gottesstock‹ ... gewiß ein Zusatz, da dieser Stock im folgenden gar keine Rolle spielt[34].« Man könnte

---

[32] ÜPent 132. Während M. Noth den Abschnitt für jahwistisch hält, weisen ihn O. Eissfeldt, Einleitung in das Alte Testament, 1964³, 258, und E. Sellin – G. Fohrer a. a. O. 176 L/N zu.

[33] So M. Noth, Das vierte Buch Mose, 99. Vielleicht ist aber »bis Horma« in Num 14 45 nicht ursprünglich.

[34] Das zweite Buch Mose, 113. H. Seebass, Mose und Aaron, Sinai und Gottesberg, 1962, 28 ff., möchte aus Ex 4 17(20b) und aus der Nähe dieser Stelle zu Aaron in 4 14 schließen, daß der Gottesstab ursprünglich Aaron gehört habe und diesem zugunsten Moses enteignet worden sei. Aber nur P kennt einen »Aaronstab« (Ex 7 8 ff. Num 17 16 ff.). Träfe die These von H. Seebass zu, dann hätte Mose Aaron mit dem Gottesstab ersetzt wie vermutlich Josua den Hur. Ursprünglich wäre es dann um einen Kampf Aarons und Hurs gegen die Amalekiter gegangen. H. Seebass geht

noch hinzufügen, der Stab passe gar nicht, weil Aron und Hur beide Hände = Arme Moses unterstützten, der Stab aber vermutlich nur mit einer Hand gehalten wurde (v. 12). Nun ist aber die Bezeichnung »Gottesstab« sehr urtümlich; von ihm geht eine magische Wirkung aus[35]. Nach Ex 7 17b (25) schlug Gott selbst mit diesem Stab auf das Nilwasser. Infolgedessen ist die umgekehrte Annahme gerechtfertigt, nämlich daß der ursprüngliche »Gottesstab« durch Moses »Hand« (v. 11) und schließlich, um der Unterordnung Arons und Hurs willen, durch seine beiden Hände ersetzt wurde[36].

Eigenartig ist das unvermittelte Auftreten des Ephraimiten Josua, der in Ex 33 11 Num 11 28 mit dem Zelt der Begegnung (ursprünglich) verbunden ist und Mose als Kultdiener zugeordnet wurde[37]. Diese Zuordnung dürfte überlieferungsgeschichtlich darauf zurückzuführen sein, daß man Josua an Mose heranrücken wollte. Vielleicht war man auch im Südreich an seiner Unterordnung unter Mose interessiert[38]. Sonderbar ist, daß auch in Ex 24 14 – in 32 17 ist nur Aron das Gegenüber – Aron und Hur gegenüber Mose und Josua subaltern sind. Erinnert sei an die Unterordnung Arons unter Mose in Ex 4 14 ff. Leider weiß man von Hur nicht viel[39]. Vielleicht war er mit dem midianitischen König oder Fürsten gleichen Namens in Num 31 8 (P) und Jos 13 21 (P) identisch.

Aron und Hur stellten für den ermüdeten Mose einen Steinsitz bereit (Ex 17 12). Hier liegt eine ätiologische Erklärung für einen »Thron« auf dem Gipfel des besagten Hügels vor. Er dürfte identisch sein mit dem »Thron Jahs« in v. 16, falls nicht in *nesjah* = »Standarte Jahs« zu ändern ist[40]. Besser ist es m. E., v. 16 (»Und er sprach: ›Hand am Thron Jahs; Krieg hat Jahwe mit Amalek von Geschlecht zu Geschlecht‹«) mit dem Steinsitz in v. 12, und den Altarnamen »Jahwe mein Feldzeichen« (v. 15)

sogar noch weiter und sieht nur in Hur die primäre Überlieferungsgestalt (a. a. O. 25 f.).

[35] Interessant ist ein Vergleich mit Jos 8 18. 26, wo allerdings Josua im Auftrag Jahwes die Lanze gegen Ai recken soll.

[36] Die Ursprünglichkeit des Gottesstabes vertritt J. Maier (brieflich; mit anderer Argumentation).

[37] Wenn die Wolke am Eingang des Zeltes erscheint (Ex 33 9 f. Num 11 25 12 5), so hängt dies wohl damit zusammen, daß Mose als Mittler der Sinaioffenbarung mit dem Zelt verbunden wurde.

[38] Läßt das Auftreten Josuas in Ex 17 9 ff. auf eine josuanische Amalekiterrezension schließen, die von der »mosaischen« rezipiert worden wäre?

[39] A. H. J. Gunneweg, Leviten und Priester, 1965, 88 Anm. 1, vermutet, daß Hur eine alte Priesterschaft vertritt.

[40] Auf dieser »Emendation« beruht R. Gradwohls (Zum Verständnis von Ex 17 15 f., VT 12 [1962], 491–494) Deutung: »eine (Votiv-)hand auf der Standartenstange Gottes«, die H. Seebass, Der Erzvater Israel, 1966, 57 Anm. 10, akzeptiert. H. Seebass nimmt an, daß auf dem Stein (v. 12) eine Gottesfigur als Feldzeichen stand, von dem der davorstehende Altar seinen Namen erhielt.

mit dem »Gottesstab« in v. 9 zu kombinieren. Dabei ist anzunehmen, daß der Altar vor dem Feldzeichen stand, von dem er seinen Namen erhielt, oder besser: durch den Altarnamen »Jahwe mein Feldzeichen« wurde der Gottesstab jahwesiert, wie überhaupt der Altarbau ein Mittel zur Jahwesierung ist (vgl. Gen 12 7f.). Die Anordnung des Altars vor dem Symbol erinnert an Ex 32 5, wo Aron vor dem Stierbild einen Altar zum Zweck des Jahwekultes baute. Doch lag diese Kultstätte am Fuße des Gottesberges, während in Ex 17 9ff. vom »Gipfel des Hügels« die Rede ist. Wie das Feldzeichen aussah, ist schwer zu sagen. O. Eissfeldt[41] vermutet in dem Jungstier eine Führungsstandarte, doch wird das goldene Kalb nirgends als »Feldzeichen« bezeichnet. Eher wäre an die eherne Schlange zu denken, die nach Num 21 8f. an einem Nes befestigt wurde. Doch hatte die eherne Schlange, falls nicht eine Umdeutung anzunehmen ist, eine heilende und keine kriegerische Bedeutung. Über Vermutungen ist kaum hinauszukommen.

In Dtn 25 17-19 liegt eine andere Version der Auseinandersetzung mit den Amalekitern vor, die die Nachzügler der Israeliten abschnitten. Deswegen soll Israel »das Andenken Amaleks unter dem Himmel« auslöschen. In dem vermutlich deuteronomistischen Vers Ex 17 14, in dem Josua gleichsam als Moses Nachfolger auftritt, ist Jahwe selbst das Subjekt der Vertilgung Amaleks. Mose soll in Gottes Auftrag diese Zusage in eine Schriftrolle schreiben und Josua einprägen. Kaum ist an eine Aufzeichnung des ganzen Kriegsberichts zu denken, da sich derselbe dem siegreichen Feldherrn ohnehin eingeprägt hatte. Die Feindschaft mit den Amalekitern, die nach Num 14 43ff. neben Kanaanäern die Landnahme aus dem Süden verhinderten, muß sehr abgründig gewesen sein. Der Zug ins Land Moab dürfte hauptsächlich damit zusammenhängen, daß der Einfall von Kadesch in nördlicher Richtung über Horma mißlang. War Mose daran beteiligt und soll er durch die ihm in den Mund gelegte Warnung in Num 14 41-43 entschuldigt werden? Kaum ist aus der Niederlage von Num 14 39-45 die Siegeserzählung Ex 17 8-16 entstanden. Wahrscheinlich sind der »Gipfel des Berges« und der »Gipfel des Hügels« nicht identisch. Wäre dem so, müßten andere überlieferungsgeschichtliche Folgerungen gezogen werden.

Im Gegensatz zu Midian (Gen 25 2) erscheint Amalek in keiner Erzvätergenealogie (vgl. Gen 36 12. 16). Aus Num 24 20 ist zu schließen, daß sich Amalek als »Erstling der Völker« verstand.

b) Ex 24 1-2. 9-11

Der eingeschaltete Abschnitt (v. 3-8)[42] ist eine Einheit für sich, zu dem v. 2, in welchem Mose als alleiniger Mittler hervorgehoben wird, überleitet. V. 1.9-11 gehören J oder L/N an. Gegen J spricht, daß in

---

41 Lade und Stierbild, ZAW 58 (1940/41), 190–210, besonders 199 ff.

Ex 34 10aα. 27 f. (J) eine $b^e r\hat{\imath}t$ berichtet wird. Allerdings fällt dieser Terminus nicht in 24 1.9-11, und so könnte doch J vorliegen[43].

In Ex 24 1.9-11 wird zwar kein Berg erwähnt, aber das »Hinaufsteigen« läßt auf einen solchen schließen (v. 1.9). Unausgesprochen bleibt, wer Mose in v. 1 auffordert, zu Jahwe heraufzusteigen. Jahwe kann es nicht sein, da von ihm ja in der dritten Person die Rede ist[44]. Zur Besteigung des Gottesberges, die nach v. 11a nicht gefahrlos ist, kann nur die Gottheit oder ihr Repräsentant, ein Priester, auffordern. Wer dazu in Frage kommt, ist kaum sicher zu entscheiden. Am ehesten ist an Jitro zu denken, der Beziehungen zum Gottesberg hatte (Ex 18 1-12). Er veranstaltete nach Ex 18 12, dem »überlieferungsgeschichtlichen Ausgangspunkt der ganzen Erzählung«[45], für Aron und alle Ältesten Israels – Mose ist im jetzigen Zusammenhang inbegriffen – ein Mahl vor Gott. Er könnte das Subjekt der Aufforderung in Ex 24 1 sein. Weil ihn Mose nach Ex 18 27 entlassen hatte, wurde er wohl in 24 1 nicht mehr erwähnt. Aus Num 10 29*. 30 (J) geht jedoch hervor, daß der »Midianiter« auch nach den Sinaiereignissen noch bei der Moseschar war, aber nicht am Eisodus teilnehmen, sondern zu seiner Verwandtschaft zurückkehren wollte.

In Ex 24 1 werden hinter Mose und vor den 70 Ältesten Aron, Nadab und Abihu erwähnt. O. Eissfeldt[46] sieht in den drei Letztgenannten eine Zufügung. Nach M. Noth[47] sind bloß die 70 Ältesten ursprünglich; Aron sei wegen Mose eingeschaltet worden. Gegen O. Eissfeldt ist einzuwenden, daß es nicht erklärlich ist, warum Nadab und Abihu, die so gut wie unbekannt sind, eingefügt worden sein sollten. In Lev 10 1 ff.[48]

---

[42] Die Abtrennung von v. 3, die H. Seebass, Mose und Aaron, Sinai und Gottesberg, 1962, 103, vornimmt, überzeugt nicht.

[43] Wegen der Bezeichnung »Gott (Israels)« weist M. Noth, Das zweite Buch Mose, 159, v. 1.9–11 E zu; der »Bundesschluß« in v. 3–8 wäre jahwistisch, was dann aber mit Ex 34 10. 27 f. konkurriert. M. Noth a. a. O. 159 weiß selbst nicht, wie v. 1.9–11 »genau in den E-Zusammenhang einzuordnen« sind. Die Quellenzugehörigkeit ist in diesem Fall nicht so entscheidend, da es sich um ein Fragment alter Überlieferung handelt (vgl. Ex 19 13b).

[44] M. Noth a. a. O. 159 nimmt an, daß der Passus v. 1 f. »sekundär und nicht sehr sachgemäß formuliert ist.« Aber die Einschaltung von v. 3–8 und die redaktionelle Überleitung in v. 2 sprechen dagegen, daß v. 1 sekundär ist.

[45] So M. Noth a. a. O. 120.

[46] Die älteste Erzählung vom Sinaibund, ZAW 73 (1961), 139; siehe ders., Die Komposition der Sinaierzählung Ex 19–34, FuF 40 (1960), 212–215.

[47] ÜPent 196.

[48] Siehe dazu M. Noth, Das dritte Buch Mose, 1962, 68 ff.; K. Elliger, Leviticus, 1966, 131 ff. R. Gradwohl, Das »fremde Feuer« von Nadab und Abihu, ZAW 75 (1963), 288 ff., und M. Aberbach – L. Smolar, Aaron, Jeroboam, and the Golden Calves, JBL 86 (1967), 134 (ohne Bezug auf R. Gradwohl), sehen in Nadab und Abihu Anspielungen auf die Söhne Jerobeams I., Nadab und Abija.

gelten sie als Söhne Arons, die wegen einer kultischen Verfehlung sterben
mußten. Ihre gewiß sekundäre Abstammung von Aron spricht dafür,
daß sie einmal in kultischer Beziehung zur aronitischen Wüstenfestgruppe
standen, was auch für die »70 von den Ältesten Israels« zutrifft (vgl.
Ex 18 12, wo allerdings von »*allen* Ältesten Israels« gesprochen wird).
Wenn in 24 11a »die Auserwählten der Israeliten« erwähnt werden, so
fragt es sich in Anbetracht dieser singulären Bezeichnung, ob damit der
ganze in v. 1 und 9 angegebene Personenkreis gemeint ist, in dem Mose
jeweils vorgeordnet wurde[49]. Über die 70 Ältesten wird in einem an-
schließenden Exkurs gehandelt.

Hat der midianitische Priester den Auftrag zum Besteigen des Berges
erteilt (24 1), so ist anzunehmen, daß die Gottesschau und das Mahl
(v. 10. 11b) im Rahmen eines midianitischen Kultes stattfanden, an dem
Mose einerseits und Aron mit Nadab und Abihu und den 70 Ältesten,
den Repräsentanten der Wüstenfestgruppe, andererseits teilnahmen. Beweisen läßt sich diese Annahme allerdings nicht. Ein Hinweis könnte
sein, daß die Fünfzahl bei den Midianitern eine Rolle spielt. Der Abra-
ham- und Keturasohn Midian hat fünf Söhne: Epha, Epher, Henoch (in
Gen 4 17 ist er Kainssohn), Abida und Eldaa (Gen 25 4). In Num 31
und Jos 13 sind fünf Midianiterkönige bzw. -fürsten, darunter ein Hur,
erwähnt. Auch in Ex 24 1.9 tritt eine Fünfheit auf: Mose, Aron, Nadab,
Abihu und die 70 Ältesten. Für einen möglicherweise midianitischen Ursprung der Gottesschau spricht indirekt die auffallend starke »Israeliti-
sierung«. Die Gruppe sah »den Gott Israels« (v. 10)[50]. Gott »reckte gegen
die Auserwählten der Israeliten seine Hand nicht aus« (v. 11a). Schwer zu
deuten ist die Gottesschau in v. 10-11a: »Und sie sahen den Gott Israels,
und unter seinen Füßen war etwa wie ein Gebilde von Saphirfliesen
und wie der Himmel selbst an Klarheit, aber gegen die Auserwählten der
Israeliten reckte er seine Hand nicht aus.« Vielleicht ist an ein Kultbild
zu denken, besser an den auf dem Gottesberg stehenden oder thronenden
Gott[51]. Jedenfalls schimmert eine sichtbare Gottheit hindurch (anders
Dtn 4), die auf fremde, nicht-sinaitische Einflüsse schließen läßt. Man
muß sich fragen, ob Ex 33 20, wonach Mose auf dem Gottesberg nur die
Rückseite Gottes sehen durfte, eine Polemik gegen Ex 24 9-11 darstellt.

---

[49] Das Verbum »hinaufsteigen« (24 1. 9) bezieht sich nur auf Mose, doch können daraus
kaum weitere Schlüsse gezogen werden.

[50] Die Bezeichnung »Gott Israels« ist sichemitischen Ursprungs (Gen 33 20 E). Siehe
dazu C. Steuernagel, Jahwe, der Gott Israels, BZAW 27, 1914, 343 ff.; R. Smend,
Die Bundesformel, 1963, 13 ff. und vor allem H. Seebass, Der Erzvater Israel, 1966,
88. G. Fohrer, Altes Testament – »Amphiktyonie« und »Bund«?, ThLZ 91 (1966),
816 Anm. 56, ist der Ansicht, daß die Israel-Sippe, die mit »Israel« auf der Mer-
nephta-Stele gemeint ist, durch die Ägypter vernichtet wurde und ihre Angehörigen
in anderen israelitischen Gruppen aufgingen, was zur Gleichsetzung des Erzvaters
Israel mit Jakob beigetragen hat.

Nach der Gottesschau in 24 10 heißt es in einer gewissen Unausgeglichenheit: »Sie schauten Gott, aßen und tranken« (v. 11b). Vielleicht war das sakrale Mahl von einer $b^e r\hat{\imath}t$-Zeremonie begleitet, die wegen der eingeschobenen v. 3-8 ausgefallen ist. Es ist aber auch durchaus möglich, daß die Gemeinschaft durch das Mahl allein konstituiert wurde.

c) Exkurs: Die 70 Ältesten Israels

»Alle Ältesten Israels«, die die Repräsentanten der Wüstenfestgruppe waren, nahmen mit Aron an dem Kultmahl teil, das der midianitische Priester Jitro veranstaltete (Ex 18 12). In Ex 24 14 werden »die Ältesten« in Fragen der Rechtsprechung an Aron und Hur verwiesen. Für eine Verbindung der Mose- mit der aronitischen Wüstenfestgruppe spricht Ex 24 1. 9, wo allerdings von den »70 aus den Ältesten Israels« die Rede ist. Diese Zahl schränkt wohl den Umfang der Repräsentanten ein (vgl. Ex 17 5). Die 70 werden noch in Num 11 16. 24 f. erwähnt. Dieses Vorkommen macht eine vergleichende Untersuchung mit Ex 18 13 ff. und Dtn 1 9 ff. notwendig, obgleich in den beiden letztgenannten Belegstellen weder von Ältesten noch von 70 gesprochen wird.

Num 11 11-12. 14-17. 24b-30 (E)[52] und Dtn 1 9-15[53] erwähnen im Gegensatz

---

[51] Eine ähnliche Vorstellung findet sich in Ex 1 25 ff. 10 1. Siehe z. St. die Kommentare. Zur Nachgeschichte der Gottesschau vgl. J. Maier, Vom Kultus zur Gnosis, 1964, 112 ff. 118 ff. Unterschiedlich in Ex 24 10 und Ez 1 25 ff. ist, daß hier der wie ein Saphirstein aussehende Thron über dem Firmament steht, während dort das »Gebilde wie von Saphirfliesen«, auf dem Gottes Füße ruhen, in seiner Beziehung zum Himmelsgewölbe nicht festgelegt wird. Es ist nicht mit diesem gleichzusetzen, da der Vergleich »wie der Himmel selbst an Klarheit« eine Identität ausschließt. Stand Gott auf dem kosmisch verstandenen Berg? Wenn auch Ez 1 25 ff. von Ex 24 10 abhängig ist, so darf letztere Stelle doch nicht ausschließlich nach der ersteren erklärt werden. Fast ergreifend wirkt M. Bubers (Moses, 1952², 139) Deutung: »Die Netzhaut ihrer Augen fängt nichts anderes auf, als was auch die unsere aufzufangen vermag; sie aber sahen den Offenbarer.« Diese Erklärung ist ein Ergebnis der »rationalen Suche nach Wahrheit«, zu der sich M. Buber »bekennt« (75); siehe dazu R. Smend, Das Mosebild von Heinrich Ewald bis Martin Noth, 1959, 69. »Schmekket und sehet, daß Jahwe gut ist!« (Ps. 34 9a), ist ein dichterischer Nachhall von Gottesmahl und Gottesschau. Vielleicht war die ursprüngliche Reihenfolge »sehet und schmecket!«, die um das Akrostichons willen geändert wurde.

[52] O. Eissfeldt, Hexateuch-Synopse, Neudruck 1962, 162 ff., rechnet v. 11 und 12 nicht zum elohistischen Strang. H. Seebass, Mose und Aaron, Sinai und Gottesberg, 1962, 92, hingegen zählt noch v. 10aβ.b dazu, der m. E. besser zu v. 4–6 paßt. Mit Recht sieht er in v. 26–29 einen Nachtrag (vgl. M. Noth, Das vierte Buch Mose, 80). Die Zuweisung an J ist indessen verfehlt, auch M. Noths (a. a. O. 75) Annahme, Num 11 sei eine literarische Wucherung im Rahmen des Jahwisten. M. E. ging eine Aufforderung zur Landnahme auf Grund von Num 11 12 voraus (vgl. Ex 23 20–22a 32 34 33 5 f.). Num 11 11–12. 14–17. 24b–30 ist somit eigenständig und wegen des Zeltes der Begegnung (vgl. Ex 33 7–11 E) elohistisch. Moses Klage bezieht sich darauf, daß

zu Ex 18 nicht den midianitischen Priester Jitro, Moses Schwiegervater.
In Dtn 1 6-8 geht eine Aufforderung Jahwes am Horeb zur Landnahme
voraus, auf die m. E. auch Num 11 12.14 anspielt. Sonderbar ist, daß
Dtn 1 9.12 weitgehend mit Num 11 11.14 übereinstimmt, dagegen Dtn
1 13.15 – die Initiative geht allerdings von Mose aus – an Ex 18 13 ff. erinnert[54]. Fraglich ist in Num 11, wieso 70 (ekstatische) Propheten im
Hinblick auf den Zug ins Kulturland eine Entlastung darstellen sollen.
Im wesentlichen geht es wohl darum, daß sie Geist von Moses Geist, der
offensichtlich als »Mann des Geistes« galt (vgl. Hos 9 7)[55], erhalten. Die
einmalige Ekstase (vgl. Num 11 25)[56] ist lediglich Symptom der Über-
tragung und Legitimation. M. E. ging es bei der Geistübertragung ursprünglich nicht um eine Entlastung, sondern um die Nachfolge Moses.
Nach nebiistischen Vorstellungen wurde die Nachfolge Elias durch die
Geistübertragung auf Elisa vollzogen (II Reg 2 9.15). Dementsprechend
wären dann die Ältesten die Nachfolger Moses im Kulturland (vgl.
Jos 24 31 Jdc 2 7). Überlieferungsgeschichtlich gesehen könnten hinter den
70 Ältesten stehen, die durch königliche Beamte an Einfluß verloren
haben[58]. Nach Ex 18 21 ff. wären *sarîm* (= Beamte) bereits in der Wüstenzeit eingesetzt worden. Im jetzigen Zusammenhang von Num 11 geht es
um ein Mittragen der Last Moses durch die 70 Ältesten. Eine andere
Regelung der Nachfolge Moses wird durch die Bestallung Josuas vollzogen (Dtn 31 14-15.23 Num 27 12-23).

Dtn 21 14-15.23 ist ein Fragment (v. 23 ist von v. 7 abhängig)[59]. Jahwe
beauftragte aus der sinaitischen Wolkensäule am Eingang des Zeltes in

---

nach E Jahwe nicht mitziehen will (vgl. Ex 33 12–17 E?). Siehe dazu W. Beyerlin
a. a. O. 28 ff. 114 ff., der auf Num 10 29-33a verweist, aber in Ex 33 die Lade zu
Unrecht einträgt. Dagegen J. Maier, Das altisraelitische Ladeheiligtum, 1965, 1. 3.
16 ff.

[53] J. G. Plöger, Literarkritische, formgeschichtliche und stilkritische Untersuchungen
zum Deuteronomium, 1967, 35, hält 1 9-18 für eine eigenständige Tradition.

[54] H. Seebass a. a. O. 92 ff. stellt eine Reihe von Beziehungen zwischen Ex 18 13 ff.
und Num 11 10 ff. heraus. Die Unterschiede sind m. E. bedeutsam.

[55] Siehe dazu H. W. Wolff, Dodekapropheton I Hosea, 1961, 202.

[56] M. Noths (Das vierte Buch Mose, 74) Änderung in »und hörten ... nicht mehr auf«
ist nicht gerechtfertigt.

[57] R. Rendtorff, Erwägungen zur Frühgeschichte des Prophetentums in Israel, ZThK
59 (1962), 145 ff., vermutet prophetische (ekstatische?) Wurzeln in der Frühgeschichte
(147. 165 ff.).

[58] So W. Beyerlin a. a. O. 33 f. Einen analogen Vorgang im hethitischen Bereich hat
nachgewiesen H. Klengel, Die Rolle der »Ältesten« (LÚMEŠŠU. GI) in Kleinasien
der Hethiterzeit, ZA 57 (1965), 223–236.

[59] Siehe G. v. Rad, Das fünfte Buch Mose, 135; M. Noth, ÜPent 35 Anm. 126, hält
die Verse für sekundär-deuteronomistisch. Sie setzen allerdings die elohistische Kon-
zeption des Zeltes der Begegnung voraus (Ex 33 7–11); vgl. J. Maier a. a. O. 17
Anm. 117. Vielleicht enthält dieses Fragment doch eine ältere Tradition.

Anwesenheit Moses Josua als dessen Nachfolger mit der Landnahme.
Eine Geistübertragung fand nicht statt, expressis verbis auch nicht in dem
priesterschriftlichen Abschnitt Num 27 12-23[60]. Wenn aber Mose einen Teil
seines eigenen *hôd*[61], seiner Vollmacht (?), auf Josua durch Handauf-
stemmen übertragen soll, so liegt eine ähnliche Vorstellung vor, zumal
es in Dtn 34 9 (P) heißt: »Und Josua, der Sohn Nuns, war voll des Geistes
der Weisheit, denn Mose hatte seine Hände auf ihn gestemmt, und die
Israeliten hörten auf ihn und taten, wie Jahwe Mose befohlen hatte.«

Im Unterschied zu Num 11 ist in Ex 18 13ff. nicht von Ältesten die
Rede, auch wird das Zelt der Begegnung nicht erwähnt, aber vielleicht
in v. 19 vorausgesetzt. Die *śarîm* in Ex 18 21b. 25b waren die königlich-
beamteten Konkurrenten der überlieferungsgeschichtlich früheren Ältesten.
Verglichen mit der Einsetzung Josuas als des Nachfolgers Moses und mit
der Einsetzung der königlichen Beamten geht die Geistbegabung der 70
Ältesten auf ein überlieferungsgeschichtliches Stadium zurück, als tatsächlich noch die Ältesten im Leben des Volkes maßgebend waren (vgl.
Jos 24 31 Jdc 2 7)[62].

d) Ex 24 3-8

Dieser elohistische Abschnitt kann nicht, wie M. Noth[63] meint, um
des sogenannten Bundesbuches (Ex 20 22–23 19) willen entstanden sein,
da »alle Worte Jahwes« (v. 3 f.) im elohistischen Zusammenhang den
Dekalog Ex 20 1 ff. betreffen und der Bezug auf das »Bundesbuch« nachträglich durch die Glosse »und alle Rechtssatzungen« (v. 3) hergestellt
wurde. Auch die »Heilsopfer für Jahwe, (nämlich) Farren« in v. 5 könnten
ein Zusatz zu den »Schlachtopfern« sein[64]. Die ganze Einheit ist unter
gesamtisraelitischem Aspekt gesehen. Der sg. »Mazzebe« (v. 4) läßt erkennen, daß ursprünglich von *einem* Steinmal die Rede war, das dann
auf die zwölf Stämme Israels bezogen wurde. Die »Jünglinge« (v. 5)
rekrutierten sich aus den Reihen der Israeliten. Ersetzen sie levitische
oder midianitische Kultdiener oder gar Priester, von denen in Ex 19 22
die Rede ist? Wegen der erheblichen Unterschiede ist es nicht möglich,

---

[60] Die Eleasar erwähnenden v. 19. 21. 22b machen einen sekundären Eindruck.

[61] Das Wort ist schwer übersetzbar (»Majestät«?); vgl. M. Noth, Das vierte Buch
Mose, 186.

[62] Abwegig ist es, mit J. Dus, Die »Ältesten Israels«, CV 3 (1960), 232 ff., in
Num 11 16 ff. die Ätiologie des altisraelitischen, staatlich-amphiktyonischen Senats,
bestehend aus zwölfmal sechs Vertretern, zu sehen. Durch die Hinzuziehung von
Eldad und Medad wären es genau 72 Senatoren gewesen. Fällt die Amphiktyonie-
Hypothese, so kann sich auch der amphiktyonische Senat nicht mehr halten.

[63] ÜPent 33 Anm. 115.

[64] So W. Beyerlin a. a. O. 46, der im übrigen nachweist, daß in Ex 24 3–8 alte Überlieferungen enthalten sind.

Ex 24 3-8 aus dem »Bundesschluß« zu Sichem (Jos 24 1. 25-27) herzuleiten[65]. W. Beyerlin[66] führt die Doppelung aus dem mündlichen Vortrag »aller Worte Jahwes« (v. 3) und aus ihrer Verlesung (v. 7) auf zwei Traditionen zurück. Näher liegt es, in den v. 3 und 8bβ den Rahmen um zwei sakrale Akte zu sehen:

a) »Und Mose schrieb alle Worte Jahwes nieder (v. 4aα) und er nahm die Rolle der b⁽e⁾rît und rezitierte sie vor den Ohren des Volkes. Sie aber sprachen: ›Alles, was Jahwe gesprochen hat, wollen wir tun und wollen wir hören‹« (v. 7).

b) »Und er machte sich am Morgen auf und baute einen Altar am Fuße des Berges und ... eine Mazzebe ... (v. 4a.βb), und er beorderte die Jünglinge der Israeliten, und sie brachten Brandopfer dar und schlachteten Schlachtopfer ... (v. 5a.bα). Mose aber nahm die Hälfte des Blutes und tat es in Becken und die (andere) Hälfte des Blutes sprengte er auf den Altar (v. 6). Dann nahm Mose das Blut und sprengte es auf das Volk, wobei er sprach: ›Siehe, Blut der b⁽e⁾rît‹ « (v. 8a.bα).

Zu a) ist zu bemerken, daß die »Rolle der b⁽e⁾rît« ein Dokument meint, auf dem die »Worte der b⁽e⁾rît« (vgl. Ex 24 28b J), d. h. »die Worte der Verpflichtung« = Gebote und Verbote, standen[67]. Die eigenartige Reihenfolge von »Tun« und »Hören« läßt darauf schließen, daß es um kultische und ethische Gebote und Verbote ging.

Zu b) ist zu sagen, daß der Altarbau, der zur Opferhandlung notwendig ist, wohl einen bestehenden Altar auf Mose zurückführen soll. Ebenso verhält es sich mit der ursprünglich einen Mazzebe. Ein solches Steinmal wird auch im Rahmen der b⁽e⁾rît-Zeremonie in Gen 31 45 erwähnt. Vielleicht wurde die erste Hälfte des Blutes auf diese als Repräsentation Gottes und nicht auf den Altar gesprengt. Vom Schlachtopfer, an das sich ein gemeinsames Mahl anschließt, ist ebenfalls in Gen 31 54 die Rede. Sehr archaisch erscheint der Terminus »Blut der b⁽e⁾rît«, der in Sach 9 11 aufgegriffen wird, aber dort zur Erklärung seiner ursprünglichen Bedeutung nichts beiträgt.

Die Übersetzung »Blut der Verpflichtung« erschiene nicht gerade glücklich. Das Blut hat beim Passa eine apotropäische Wirkung (Ex 12 21-23. 27b), in der Beschneidungsszene Ex 4 24-26. eine apotropäische und verbin-

---

[65] Es ist zweifelhaft, ob man mit G. Schmitt, Der Landtag von Sichem, 1964, 71, die Opferhandlung und die Blutmanipulation aus Ex 24 3 ff. in Jos 24 25a hineinlesen darf. In dem deuteronomistisch überarbeiteten Kap. Jos 24 geht es ursprünglich um die Verpflichtung des eigenen Stammes Ephraim auf Jahwe durch Josua.

[66] A. a. O. 48.

[67] E. Kutsch, Gesetz und Gnade, ZAW 79 (1967), 18–35, hat neuerdings nachgewiesen, daß b⁽e⁾rît – die übliche Wiedergabe ist »Bund« – die Selbstverpflichtung, die Verpflichtung eines anderen oder die gegenseitige Verpflichtung meint. Er übersetzt ספד־הברית mit »Buch der Verpflichtung, des Gebotes« und weist darauf hin, daß in II Reg 22 f. »Buch der b⁽e⁾rît« und »Buch der Thora« gleichbedeutend sind (30).

dende (»Blutbräutigam«), kaum reinigende[68]. Da das Blut in Ex 24 6. 8a sowohl auf den Altar bzw. auf die Mazzebe als Repräsentation Gottes als auch auf das sicherlich nach der Opferhandlung kultisch reine Volk gesprengt wird, kommt ihm hier am ehesten eine verbindende Wirkung zu, die nach nomadischer Auffassung geradezu ins Verwandtschaftliche gehen kann[69]. Der den Schlußrahmen bildende sekundäre Nebensatz v. 8bβ (»welche Jahwe mit euch schnitt auf Grund aller dieser Worte«) betont die Beziehung zwischen Jahwe und den Gliedern des Volkes, das sich aus der Moseschar und der Wüstenfestgruppe zusammensetzte. Welches ist die ursprüngliche Bedeutung von $b^e r \hat{\imath} t$? L. Koehler – W. Baumgartner[70] leiten die fem. Abstraktbildung $b^e r \hat{\imath} t$ von dem Verbum brh I ab, das im qal unter Berücksichtigung der Verbindung im Kontext die Bedeutung von »Speise nehmen mit« (II Sam 12 17), »Krankenkost entgegennehmen von« (II Sam 13 6. 10) und im hi. die Bedeutung von »Speise als Trost geben« (II Sam 3 35) und »Krankenkost geben« (II Sam 13 5) hat. Heißt $b^e k \hat{\imath} t$ (von bkh) »Beweinung« (vgl. Gen 50 4), so müßte $b^e r \hat{\imath} t$ »Speisung« bedeuten. Dafür zeugen eine Reihe von Belegstellen:

»Zur Grenze treiben dich alle Männer deiner $b^e r \hat{\imath} t$, getäuscht, übermocht haben dich die Männer deines Friedens, die mit dir Essenden (lies $loh^a m \ae k a$) legen Fußangeln unter dir« (Ob 7)[71]. Die Männer, mit denen Nachbarn Edoms gemeint sind, haben die Verpflichtung ($b^e r \hat{\imath} t$) übernommen, Frieden[72] zu wahren. Die Verpflichteten sind identisch mit den mit Edom »Essenden«. Gastgeber, wahrscheinlich an kultischer Stätte, waren die Edomiter. Aufschlußreich ist Ex 34 15: »damit du nicht eine $b^e r \hat{\imath} t$ schneidest für die Bewohner des Landes und du ihren Göttern nachhurst und ihren Göttern Schlachtopfer darbringst und sie dich rufen und du von ihren Schlachtopfern isset.« Eine weitere Folge ist das Konnubium (v. 16). Offensichtlich schneidet man eine $b^e r \hat{\imath} t$ für denjenigen, von dessen Schlachtopfern man ißt (vgl. Jos 9 14 f.). Dementsprechend wollen Abimelech, Achussat und Pichol mit Isaak eine $b^e r \hat{\imath} t$ schneiden (Gen 26 28 J), wobei offensichtlich letzterer ein Gelage veranstaltet, bei dem dann beide Parteien essen und trinken (v. 30 J). Auch in der elohistischen Variante geht die Initiative von Abimelech und Pichol aus, Abraham stellt aber Klein- und Großvieh (Gen 21 22 ff.). Von einer sakralen Schlachtung und einem gemeinsamen Mahl ist allerdings keine Rede mehr. Auch in dem literarkritisch schwierigen Abschnitt Gen 31 44–32 1 scheint die Initiative zur $b^e r \hat{\imath} t$ von Laban

---

68 So H. Junker, Der Blutbräutigam, in: Alttestamentliche Studien Friedrich Nötscher zum 60. Geburtstag gewidmet, 1950, 120–128, besonders 126.

69 Siehe G. Fohrer, Altes Testament – »Amphiktyonie« und »Bund«?, ThLZ 91 (1966), 898 f.

70 KBL 152. Anders O. Loretz, בְּרִית – »Band-Bund«, VT 16 (1966), 239–241, der $b^e r \hat{\imath} t$ (= Band) vom akkadischen $bi/ertu(m)$ bzw. $birittu(m)$ herleitet.

71 Vgl. diese Übersetzung mit der von A. Weiser, Die Propheten Hosea, Joel, Amos, Obadja, Jona, Micha, 1963⁴, 208.

72 Vgl. I Reg 15 19 und die Ausführungen von E. Kutsch a. a. O. 26; zum Zusammenhang von $b^e r \hat{\imath} t$ und $\check{s}al \hat{o}m$ siehe auch Num 25 12 Jes 54 10 Ez 34 25 37 26. In Am 1 9 ist die Rede von der »$b^e r \hat{\imath} t$ der Brüder« im Hinblick auf Tyrus und Edom.

auszugehen (v. 44a L/N)[73], das Mahl selbst veranstaltet jedoch Jakob (v. 46 L/N). In der jahwistischen Version ist ausdrücklich Jakob derjenige, der das Schlachtopfer und das Mahl auf dem Berg durchführt (v. 54). Geht die $b^e r\hat{i}t$ von Gott aus (Gen 15 17 f.), so hat der Mensch, in diesem Fall Abraham, der nach der Möglichkeit einer gewissen Erkenntnis der Landzusage fragte (v. 8 J), die Tiere zu stellen, die mit Ausnahme der Vögel, die vielleicht sekundär sind, zerteilt (btr) und so hingelegt werden, daß der Initiator der $b^e r\hat{i}t$ hindurchgehen kann (v. 9–12). Ein Nachhall dieser Folge findet sich in Ps 50 5 insofern, als die $b^e r\hat{i}t$ Gottes ist (= »meine $b^e r\hat{i}t$«), aber von den Treuen (nicht von Gott) über dem Mahlopfer geschlossen wurde. Ein Mahl wird in Gen 15 17 f. nicht erwähnt, auch nicht im Zusammenhang mit dem Hindurchgehen zwischen den beiden Hälften eines Kalbes in Jer 34 18 f. Bemerkenswert ist die Aussage Jer 34 18b: »das Kalb, welches sie in zwei Hälften geschnitten (krt) haben und durch dessen Teile sie hindurchgegangen sind.« Hier ersetzt das Kalb die fem. Abstraktbildung $b^e r\hat{i}t$ in der üblichen Redewendung $kar\ddot{a}t$ $b^e r\hat{i}t$[74].

Ist es dann nicht möglich, daß gelegentlich das Abstraktum nicht wie in Jer 34 18b durch das Konkretum (»das Kalb«) ersetzt wird, aber eine konkrete Bedeutung hat? In diesem Fall würde dann $b^e r\hat{i}t$ ein bestimmtes Tier bezeichnen, das entweder zu der typischen $b^e r\hat{i}t$-Zeremonie wie in Gen 15 8-12. 17-18 und Jer 34 18-19 zerteilt, oder sonst zum Schlachtopfer und sakralen Mahl getötet wird, wobei das Verbum krt vielleicht das Aufschneiden der Halsschlagader bezeichnet. Das »Blut der $b^e r\hat{i}t$« wäre dann das Blut des Tieres oder der Tiere, die zum Schlachtopfer und zur Speisung ($b^e r\hat{i}t$) dienten, wodurch eine Verpflichtung in Kraft gesetzt wurde, die Jahwe seinem Volk, das zur Befolgung derselben bereit war, auferlegt hatte (Ex 24 3. 4a. βb 5. 6. 8a. bα. β). Die Initiative zur Verpflichtung geht von Jahwe aus, die Tiere stellt das Volk. Die Handlung selbst vollzieht Mose, der ein ausgebildetes Ritual, das wohl nicht unverändert übernommen wurde, verwendet hat. Am ehesten ist an ein midianitisches Vorbild zu denken, was ein Vergleich mit Ex 18 12 zwar nicht beweist, aber nahelegt.

e) Ex 24 13a. 14-15a

W. Beyerlin[75] vermutet in diesen Versen ein elohistisches Überlieferungsfragment. Da aber Ex 24 12. 13b (Gottesberg!). 18b 31 18b im Zusam-

---

[73] Quellenscheidung nach O. Eissfeldt, Hexateuch-Synopse, Neudruck 1962, z. St. F. O. Garcia-Treto, Genesis 31 44 and »Gilead«, ZAW 79 (1967), 13–17, liest $nikr^e t\hat{a}$ $b^e r\hat{i}t$ '$an\hat{i}$ w^e'$att\hat{a}$ '$\ddot{a}d$ $b\hat{e}n\hat{i}$ $\hat{u}b\hat{e}n^ek\hat{a}$ und versteht '$\ddot{a}d$ (aramäisch) als Vertrag in Parallele zu $b^e r\hat{i}t$ (15).

[74] Siehe zu dieser Redewendung G. Schmitt a. a. O. 64 ff. Das »Salz der $b^e r\hat{i}t$« ist Salz, das gemeinsam gegessen wurde (vgl. Lev 2 13; siehe dazu M. Noth, Das dritte Buch Mose, 19), so daß man von einer »$b^e r\hat{i}t$ des Salzes« sprechen konnte (Num 18 19 II Chr 13 15). Vielleicht hatte der Tempel des Baal oder El der $b^e r\hat{i}t$ in Sichem (Jdc 8 33 9 4. 46) einen besonderen Raum zur »Speisung« (= $b^e r\hat{i}t$); vgl. 9 27.

[75] A. a. O. 48.

menhang mit der Geschichte vom goldenen Kalb elohistisch sind, gehören die v. 13a. 14-15a, auch Ex 32 17-18 einer anderen Schicht an. Wegen der Nennung Arons und Hurs, die Mose untergeordnet sind, kommt die Quelle von Ex 17 8 ff., also L/N[76], in Frage. Josua, nach deuteronomischer und priesterschriftlicher Auffassung Moses Nachfolger, ist hier Kultdiener. Diese Funktion übt er sonst im Zelt der Begegnung aus (Ex 33 11 Num 11 28). Die schon mehrfach beobachtete Tendenz der Hervorhebung Moses (und Josuas) wirkt sich in Ex 24 14 dahingehend aus, daß Aron und Hur (vgl. Ex 17 8 ff.) in richterlicher Funktion die Ältesten als die Statthalter Moses beim Volk unterstützen. Daraus geht hervor, daß sie zur Rechtsprechung besonders befähigt waren, wie auch der midianitische Schwiegervater Moses diesem juristische Ratschläge erteilte (Ex 18 13 ff.). Nach dem Tod Arons und der Trennung von Hur, der vielleicht Midianiter war (vgl. Num 31 8), oblag wahrscheinlich die Rechtsprechung neben Mose den Ältesten.

Die Untersuchung der Texte Ex 17 8 ff. 24 1-2. 9-11 24 3-8 24 13a. 14-15a hat ergeben, daß der vermutlich bei Kadesch gelegene Gottesberg ganz anderer Art als der (vulkanische) Sinai ist. Während am Sinai Mose mit seiner Schar allein war – von dem sekundären Text Ex 19 24 (Aron) ist abzusehen –, treffen wir am Gottesberg andere Personen an, vor allem Aron und die 70 Ältesten. Ex 24 3-8 läßt erkennen, daß durch Mose eine neue Gemeinschaft zwischen Jahwe und dem »Volk« geschaffen wurde. Des weiteren wurden Aron und Hur Mose untergeordnet. Dieser Befund läßt auf geschichtliche Vorgänge schließen, die dem Gesamtzusammenhang nach hauptsächlich in der Vereinigung der Mose- mit der Arongruppe bestanden haben. Daß es dabei nicht ohne Schwierigkeiten und Auseinandersetzungen abging, ist von vornherein anzunehmen. Bevor darauf eingegangen werden kann, sind die Beziehungen Moses zu den Midianitern nach der Flucht aus Ägypten zu untersuchen.

---

[76] So O. Eissfeldt a. a. O. z. St.; ders., Das Gesetz ist zwischeneingekommen, ThLZ 91 (1966), 1–6, stellt folgenden Zusammenhang (?) heraus: Ex 24 13a. 14-15a 34 10-13. 15-16 32 17-18. 25-29.

VI. Die Mosegruppe und die Midianiter

Während es zwischen Mose einerseits und Aron-Mirjam andererseits zu Konflikten kam (vgl. Ex 32 Num 12), ist keine Auseinandersetzung mit den Midianitern in den alten Quellenschichten überliefert (anders Num 31 P). Dies beruht darauf, daß sich die Midianiter und Mose voneinander trennten. Davon zeugt eigentlich schon Ex 4 19. 20a (L/N), wonach Mose im Auftrag Jahwes mit seiner Familie nach Ägypten zurückkehrte, ohne daß von einer Verabschiedung vom midianitischen Schwiegervater die Rede wäre. Man könnte vermuten, daß Mose geflohen wäre[1] und ein Zusammentreffen mit Jitro nach dem Exodus unhistorisch sei. Da aber Aron und die Ältesten in Kultgemeinschaft mit den Midianitern standen (Ex 18 12) und es zu einem Zusammengehen der Mose- mit der Arongruppe kam, ist es wahrscheinlich, daß auch Mose und sein Schwiegervater einander begegneten. Es ist nicht von ungefähr, daß nach Ex 18 1. 5 die Initiative dazu von Jitro ausging[2]. Bemerkenswert ist ferner, daß Treffpunkt der Gottesberg in der Wüste ist (18 5), wo auch Aron auf Mose stieß (4 14-16. 27 f. 30a). In beiden weitgehend analogen Fällen berichtet Mose, was geschehen bzw. was ihm aufgetragen worden war. Ob Jitros »Bekehrung« (Ex 18 8-11)[3] historisch ist, ist zweifelhaft. Wahrscheinlich soll er für die Opferhandlung in v. 12, an der Aron und die Ältesten Israels teilnahmen, im israelitischen Sinn legitimiert werden[4]. Historisch ist die zweifach bezeugte endgültige Tren-

---

[1] J gleicht aus, indem er Mose sozusagen mit dem Segen des Schwiegervaters (allein) nach Ägypten ziehen ließ (Ex 4 18). Eine Harmonisierung liegt in Ex 18 2-4 vor, wonach Mose seine Frau mit zwei Kindern zu ihrem Vater aus Ägypten zurückgeschickt hätte (v. 2b).

[2] Durch die eingeschobenen v. 2-4 erscheint Jitro als der, der die Familie Moses zusammenführt, dessen Ehe auch in Num 12 1 – falls mit der »Kuschitin« Zippora gemeint ist – ungeschieden ist.

[3] Siehe dazu R. Knieriem, Exodus 18 und die Neuordnung der mosaischen Gerichtsbarkeit, ZAW 73 (1961), 153. Mit Recht betont R. Knieriem, daß der Höhepunkt im jetzigen Zusammenhang nicht die Opferhandlung in v. 12, sondern die Erkenntnis, »daß Jahwe größer ist als alle Götter« (v. 11a) ist. F. V. Winnett, The Mosaic Tradition, 1949, 195 versteht *dbr* in v. 11b als »ruin« und übersetzt demgemäß: »for in ruin are those who acted presumptuously against them.« Bemerkenswert ist, daß die Erkenntnis Jahwes als des größten der Götter nicht auf der Sinaitheophanie, sondern auf der Errettung aus Ägypten beruht. M. Bubers Meinung, Jitro hätte vorher von Jahwe nichts gewußt (a. a. O. 113 f.), ist apologetisch bestimmt, wie vor allem in der nächsten Anm. zum Ausdruck kommt.

[4] Nach M. Buber a. a. O. 114 ist in Ex 18 12 nicht Jitro, sondern der unerwähnte Mose der Opferer!

nung Jitros von der Mosegruppe, während sich Aron mit Mose zusammentat. Ob diese Verbindung zur Trennung der Midianiter beitrug, ist nicht mehr auszumachen[5]. Hauptgrund dürfte gewesen sein, daß die Midianiter nicht an einer Landnahme im West- oder Ostjordanland interessiert waren. Die Initiative zur Separation ging nach Ex 18 27 von Mose aus: »Und Mose entließ seinen Schwiegervater, und der ging für sich in sein Land.« Anders in Num 10 29*. 30 (J)[6]:

»Und es sprach Mose zum ... Midianiter (seinem Schwiegervater): ›Wir brechen nun auf zu dem Ort, von dem Jahwe gesagt hatte, ihn will ich euch geben. Geh mit uns und wir wollen dir Gutes erweisen, denn Jahwe hat Gutes über Israel zugesagt‹ (v. 29). Er aber sprach zu ihm: ›Ich will nicht mitziehen, sondern in mein Land und zu meiner Verwandtschaft werde ich gehen‹« (v. 30).

Historisch ist zweifellos, daß Mose den »Midianiter« bat, an dem Zug ins Kulturland teilzunehmen. Dies bestätigt die L/N-Variante:

»(Und es sprach Mose) zu Hobab, dem Sohn Reguels (v. 29) ... Und er sprach: ›Verlaß uns doch nicht, denn du weißt, wo wir in der Wüste lagern müssen, und sei (deswegen) für uns ein Augenpaar (v. 31). Wenn du mit uns gehst, werden wir das Gute, das Jahwe uns erweist, dir erweisen‹ (v. 32). Und sie brachen vom Berg Jahwe(s)[7] zu einem Dreitageweg auf« (v. 33a).

H. Seebass[8] folgert aus Num 10 33 f. in Verbindung mit Jdc 1 16 und 4 11, daß Hobab der Aufforderung Moses nachgekommen, dann aber durch die Lade ersetzt worden sei. Dies ist aus folgenden Gründen nicht überzeugend: In Jdc 1 16 werden die »Söhne des Keniters« erwähnt, in 4 11 ist von »Heber, dem Keniter, der sich getrennt hatte von Kain« die Rede. Nachhinkende Appositionen sind: »des Schwiegervaters (oder: des Schwagers) Moses« in 1 16[9] und »von den Söhnen Hobabs, des Schwieger-

---

[5] Dies schließt nicht aus, daß die Südstämme weiterhin Beziehungen zu den Midianitern hatten, wie auch vor Davids Eroberung das Verhältnis zu den Moabitern (vgl. I Sam 22 3 f. Ruth), die mit den Midianitern in Gemeinschaft standen (Num 22 4. 7), gut war.

[6] Mit J. Maier a. a. O. 5 halte ich die Quellenscheidung O. Eissfeldts (»Hexateuch-Synopse«, Neudruck 1962, z. St.) für gelungen. In v. 29 würde ich aber »zu Hobab, dem Sohn Reguels« der Schicht L/N, alles übrige J zuzählen; »dem Schwiegervater Moses« ist eine spätere Apposition zum »Midianiter« (J), die nicht paßt. Es müßte nämlich »seinem Schwiegervater« heißen. Da J. Maier a. a. O. 6 ff. den sekundären Charakter nicht nur des v. 34 sondern auch des Halbverses 33b und der davon abhängigen Ladesprüche nachgewiesen hat, geht es in der obigen Untersuchung nur um v. 39-33a, von denen 31-33a L/N zuzuweisen sind. M. Noth, ÜPent, 69, ist der Ansicht, »daß J hier verschiedene Traditionsmaterialien mehr zusammengestellt als zusammengearbeitet hat«. Ansonsten hält M. Noth Num 10 29-36 für ein junges Verbindungsstück, da es keinem der großen »Themen« angehöre.

[7] Ist »Jahwe« hier Name des Berges (vgl. oben 28)?

[8] Zu Num X 33 f., VT 14 (1964), 111 ff.

[9] In Jdc 1 16 war wohl ursprünglich nur von den »Söhnen Kains« die Rede.

vaters (oder: des Schwagers) Moses« in 4 11. Selbst wenn es zutreffen
sollte, daß »sich Heber, der Keniter, getrennt hatte ... von den Söhnen
Hobabs ...« (4 11)[10], so beweist das nicht, daß Hobab mit Mose gezogen
sei, weil erstens von Hobabs *Söhnen* die Rede ist und zweitens Mose
nicht aus dem Süden in das Westjordanland eindrang.

Außerdem ist zu beachten, daß Moses Schwiegervater nach Ex 2 18
(L/N) Reguel[11] heißt, was hier weder ein Zusatz ist[12], noch durch die
übliche Beifügung »Hobab, Sohn des«[13] ergänzt werden darf. Hobab
wäre dann Moses Schwager gewesen[14]. Das Nebeneinander der Namen
Jitro (J) und Reguel (L/N) beruht auf der Verschiedenheit midianitischer
und kenitischer Traditionen, die bis jetzt nicht befriedigend erklärt
wurde. Jedenfalls kam es nach J und nach L/N zu einer Trennung der
Midianiter bzw. Keniter von der Moseschar vor dem Zug ins südliche
Ostjordanland.

Im folgenden ist auf Grund von Ex 18 zu untersuchen, welchen Einfluß Jitro auf Mose und seine Gruppe ausübte. Allgemein gesehen war
es von Bedeutung, daß Mose in Beziehung zu einem Priester trat, dessen
Hauptaufgabe in der Darbringung von Opfern (vgl. Ex 18 12) und in
der Orakelerteilung (vgl. 18 13 ff.) bestand[15]. Der priesterliche Dienst setzt

---

[10] Soziologisch interessant ist, daß sich Heber von seinem Stamm Kain trennen
konnte. Denkbar ist in einem solchen Fall, daß eine Familie/Sippe zu einem neuen
Stamm wird oder sich einem anderen Stamm anschließt. Aus Jer 35 6 f. geht hervor,
daß die Prohibitive des Jonadab ben Rekab, die als *eine* Regel galten, sich gemeinschaftsbildend und gemeinschaftserhaltend auswirkten. Siehe dazu E. Gerstenberger,
Wesen und Herkunft des »apodiktischen Rechts«, 1965, 110 ff.

[11] Oder ist »Reguel« ein Titel (»Hirte Els«)? Auffallend ist, daß zwar Jitro als
»Priester Midians«, nie aber Reguel so bezeichnet wird.

[12] So M. Noth, ÜPent, 201.

[13] So u. a. O. Eissfeldt a. a. O. z. St. Hobab wäre dann nicht »Schwiegervater«, sondern Schwager Moses. Zur Doppelung Jitro (J) – Reguel (L/N) siehe G. Fohrer,
Überlieferung und Geschichte des Exodus, 1964, 26, gegen W. F. Albrights Harmo-
nisierungsversuch (»Jethro, Hobab and Reguel in Early Hebrew Tradition«, CBQ 25
(1963), 1–11. Am ehesten hielte ich es noch für möglich, daß die Keniter im »Lande
Midian« in kultische und auch verwandtschaftliche Beziehungen zu den Midianitern
und ihrem Priester traten, wobei »Reguel« der Sippenname Jitros gewesen sein
könnte und zum Ahnherrn des Keniters Hobab geworden wäre. Da die Keniter in
sehr freundschaftlichen Beziehungen zu den Judäern standen (I Sam 15 6 30 29; vgl.
Jdc 4 11. 17 5 24. In Gen 4 1-16 liegt m. E. eher eine Sage *über* die nomadisierenden
Keniter als eine Sage *der* Keniter zugrunde), ist es nicht verwunderlich, daß überlieferungsgeschichtlich Hobab-Reguel in Num 10 29 ff. mit Mose in Beziehung gebracht wurden.

[14] Es wäre eine Überinterpretation des Idylls Ex 2 15bβ-22, wollte man aus den sieben
Töchtern schließen, daß kein Sohn (Adoptivsohn?) vorhanden war.

[15] In Israel wird erst für die Richterzeit ein Priestertum bezeugt (Jdc 17 f. I Sam 1 f.).
Die Begegnung Abrahams mit Melchisedek, dem König von Salem und Priester

in der Regel eine heilige Stätte, z. B. den Gottesberg (18 5; vgl. 3 1 ff.), und eine »Kultgemeinde« voraus, die über die Größe einer Sippe hinausgeht. Die Vereinigung der Aron- mit der Mosegruppe ergab einen größeren Verband, bei dessen Konstituierung Mose – wenn Ex 24 3-8 dafür in Anspruch genommen werden darf – priesterlich fungierte. Mose konnte diese, sowohl Aron als auch Jitro übergeordnete Stellung einnehmen, da er als Initiator der Flucht aus Ägypten durch die Errettung am Meer und die Vernichtung der Ägypter, die als gemeinsame Feinde galten, besonders legitimiert erschien.

Das Auffallendste in Ex 18 13 ff. ist zunächst, daß Moses midianitischer Schwiegervater geradezu als sein und damit Israels organisatorischer Präzeptor erscheint[16]. Im Unterschied zu Num 11 11-12. 14-17. 24b-30 ist in Ex 18 21b. 25b von der Einsetzung (königlicher) Beamter die Rede[17], die höchstwahrscheinlich überlieferungsgeschichtlich – und geschichtlich! – die Ältesten in ihrer richterlichen Funktion ersetzt haben (siehe oben 67 ff.). Allerdings sind nach Ex 24 14 Aron und Hur – und nicht die Ältesten – für die Rechtsprechung zuständig. Es ist aber anzunehmen, daß nach dem Tod Arons und der vermutlichen Trennung Hurs Älteste neben Mose Recht sprachen. Von ihrer Einsetzung als »Häupter über das Volk« (Ex 18 25aβ) handelt wohl ursprünglich Ex 18 13 ff.[18]. Eine Schwierigkeit bestand wohl darin, daß es nicht anging, nur die Ältesten der aronitischen Wüstenfestgruppe über die vereinigte Mose- und Arongruppe zu Richtern zu machen. Neue Häupter mußten bestimmt werden (vgl. Dtn 1 13). Dabei stand der Schwiegervater Mose als Ratgeber zur Seite, um dessen richterliche Entlastung es in 18 13-14. 16a. 21-23. 25-26 geht. In v. 23b weist der Schwiegervater selbst auf die zukünftige Landnahme hin. Es ist infolgedessen naheliegend, daß die Beratung Moses unmittelbar vor dem Zug ins Kulturland stattfand, das sowohl hier als auch in Ex 23 20 und Num 10 29 (vgl. 32 1) als »Ort« bezeichnet wird.

---

des El Eljon, entspringt Jerusalemer Tradition (Gen 14 18 ff. Ps 110 4; siehe dazu H. Schmid, Melchisedek und Abraham, Zadok und David, Kairos 7 [1965], 148 ff.). Joseph heiratete zwar Asenat, Potipheras, des Priesters zu On Tochter (Gen 41 45. 50 46 20), doch war dies von keinem Einfluß auf den israelitischen Kult, ganz davon abgesehen, daß die Josephgeschichte historisch nicht gepreßt werden darf; anders H. H. Rowley, From Joseph to Joshua, 1950, 120, der in der Josephgeschichte einen »substantial historical value« findet. Als »Blutbräutigam« war Mose im midianitischen Bereich kultfähig (Ex 4 24-26; vgl. 24 3-8).

16 Es ist infolgedessen mißlich, in bezug auf Ex 18 13 ff. von einem »mosaischen Amt« (siehe dazu R. Smend, Das Mosebild von Heinrich Ewald bis Martin Noth, 1959, 61) zu sprechen, wie es R. Knieriem a. a. O. 151. 156 tut, woran A. H. J. Gunneweg a. a. O. 69 Anm. 2 Kritik übt.

17 So Knieriem a. a. O. 154. 167 ff., der v. 21b und 25b für sekundär hält.

18 In Dtn 1 15 ist wohl ebenfalls die Einsetzung von »Häuptern« ursprünglich. Allerdings können nicht die »Häupter eurer Stämme« zu »Häuptern« gemacht werden.

Eigenartig ist, daß nach 18 15 das Volk zu Mose kommt, »um Gott zu befragen«. Hier wird vorausgesetzt, daß Mose zur Erteilung von Orakeln aufgesucht wurde, ohne von seinem Schwiegervater hierzu eigens eingeweiht zu sein. C. Westermann[19] hat herausgearbeitet, daß die Gottesbefragung vor allem im Nordreich durch Propheten vollzogen wurde. Ob allerdings bei der Befragung des Baal Sebub Propheten vermittelt haben (II Reg 1 2 ff.), läßt sich nicht feststellen. Bei der Befragung von Totengeistern und dergleichen (Dtn 19 18 Jes 8 19) standen andere Medien zur Verfügung (vgl. I Sam 28 7 ff.); zum Teil verfügte man wohl auch selbst über die nötigen Praktiken[20]. An welchen Vermittler sich die schwangere Rebekka bei ihren Beschwerden zur Jahwebefragung in dem nomadisch-halbnomadischen Milieu wandte (Gen 25 22 f.), ist nicht bekannt.

Aus sämtlichen Belegstellen geht nicht hervor, daß man Gott bei einem Rechtsstreit befragte[21]. Man bediente sich des Loses, um ein Urteil herbeizuführen, wenn die Schuldfrage nicht klärbar war (I Sam 14 36 ff. Jos 7 14 ff.; vgl. Num 12 16 I Reg 18). Das Ordal war bekannt (Num 5 12 ff.). Wäre Ex 18 16a die ursprüngliche Fortsetzung von v. 15, so wären Rechtsstreitigkeiten der Grund der Gottesbefragung. Der Halbvers schließt sich aber dermaßen holprig an, daß kein ursprünglicher Zusammenhang angenommen werden kann. Glatter ist der Übergang von v. 15 zu v. 16b: »Und Mose sprach zu seinem Schwiegervater: ›Wenn das Volk zu mir kommt, um Gott zu befragen (v. 15), . . . so gebe ich die Satzungen Gottes (und seine Weisungen)[22] kund‹« (v. 16b). Doch wird der Zusammenhang von v. 15 und v. 16b angefochten[23]. Ob mit Recht, ist nicht sicher zu entscheiden. Wohl meinen die »Satzungen Gottes« in der

---

[19] Die Begriffe für Fragen und Suchen im Alten Testament, KuD 6 (1960), 2–30, besonders 14 ff. und die Übersicht 28; siehe auch W. Beyerlin a. a. O. 141 f.

[20] Siehe zu diesem ganzen Problem H. Schmid, Artikel »Totenverehrung II Im AT«, RGG³ VI 1962, 961 f.

[21] G. Fohrer (E. Sellin – G. Fohrer a. a. O. 86) nimmt als sicher an, daß Priester Rechtsthora erteilten, nennt aber hierfür keine Belegstelle.

[22] »Und seine Weisungen« ist ebenso Zusatz wie »und die Weisungen« in v. 20.

[23] R. Hentschke, Satzung und Setzender, 28 ff., macht darauf aufmerksam, daß ḥôq in vordeuteronomistischer Zeit selten vorkomme (Ausnahme Jos 24 25 f.) und nie das Ergebnis eines zivilrechtlichen Orakels sei. Mit R. Knieriem a. a. O. 154 ist R. Hentschke a. a. O. 31 der Ansicht, daß v. 16b und 20 sekundär von der Vorstellung Moses als des Gesetzgebers bestimmt seien. Zu den Bedeutungen von ḥôq siehe P. Victor, A Note on חק in the Old Testament, VT 16 (1966), 358 bis 361. »Thora« ist nach R. Hentschke a. a. O. 30 ein priesterlicher Terminus. M. E. entstammt er levitischem Sprachgebrauch (vgl. Dtn 33 10a). Dabei ist bezeichnend, daß Thora, die aus mišpaṭîm besteht, gelehrt wird. Wahrscheinlich wurde Thora überhaupt nicht durch Gottesbefragung ermittelt, sondern die bestehende »Thora Gottes« (vgl. Hos 4 6 Am 2 4) wurde appliziert.

Regel schriftlich fixierte *huqqîm*, die im Dtn auf die Horebgesetzgebung zurückgeführt wurden (vgl. 4 6 6 24 16 12). In diese wurden *hôq ûmišpat* aus Massa im Bereich von Kadesch – die Belegstelle Ex 15 25b ist m. E. vordeuteronomisch – einbezogen. Aus der frühen Königszeit stammt *hôq jhwh* in Ps 2 7. Möglich ist, daß hier der inthronisierte Davidide ein mündlich ergangenes Prophetenwort als *hôq jhwh* zitiert. Vielleicht lag das Dynastieorakel als schriftliche »Satzung« vor (vgl. II Sam 7 14), wozu neuerdings G. H. Jones [24] neigt.

Die Variante zu Ex 18 15. 16b in v. 19 f., auf die sich v. 24 bezieht, ist nicht einheitlich[25]. In v. 19, in dem der Schwiegervater Moses einen weisheitlichen Rat erteilt, ist die Rede vom »für das Volk gegenüber Gott sein« und von dem »Vorbringen von Worten (= Rechtsangelegenheiten) vor Gott«. Schwer zu erklären ist, wo und wie Mose Vertreter vor Gott sein soll. Ist der Ort das Zelt in Ex 18 7, von dem M. Buber[26] annimmt, daß es sich um das Zelt der Begegnung handelt? Dafür könnte sprechen, daß im elohistischen Zusammenhang das Zelt der Begegnung in Ex 33 7-11 als bestehend vorausgesetzt und dann in Num 12 2 ff. erwähnt wird. Bemerkenswert ist in dem komplexen Passus Ex 18 19 f. der Zusammenhang von weisheitlichem Rat, von der Repräsentation vor Gott und von Rechtsbelehrung[27].

Die Sprödigkeit und Brüchigkeit des Textes Ex 18 13 ff., in dem es sowohl um Rechtsfindung und -belehrung (v. 16b. 19-20) als auch um eine Gerichtsordnung geht (v. 13-14. 16a. 17-18. 21-24), lassen leider nur Spekulationen zu. Wahrscheinlich proklamierte Mose Prohibitive, die soziologisch konstitutiv waren. Trotz der Bezweiflung durch E. Gerstenberger[28] könnten zu dieser neuen Sippenordnung auch die Verbote des Fremdkultes und des Kultbildes gehört haben, zumal die Prohibitive des Jonadab ben Rekab (Jer 35 6 f.)[29] im religiösen Gegensatz zum Baalkult

---

[24] The Decree of Yahweh, VT 15 (1965), 336–344; G. H. Jones bezieht sich dabei auf Ex 18 16. 20.

[25] R. Knieriem a. a. O. 154 Anm. 19 betont mit Recht, daß *zhr* (hi.) nur in jüngeren Texten als E vorkommt. Das Verbum findet sich hauptsächlich bei Ez im Zusammenhang mit dem Wächter (3 17 ff. 33 3 ff.). Den ältesten Beleg stellt m. E. II Reg 6 10 dar, wo der Gottesmann und Prophet Elisa den König Israels »achten läßt«.

[26] Moses, 1952², 113. Vielleicht gehört aber das Zelt der Begegnung ursprünglich zur Josua-Tradition.

[27] E. Gerstenberger hat Ex 18 19 f. nicht in seine Untersuchung a. a. O. einbezogen, obgleich gerade er das Sippenethos und die Weisheit als Ursprungsort von Prohibitiven nachgewiesen hat.

[28] A. a. O. 114. Nach R. Knieriem, Das erste Gebot, ZAW 77 (1965), 20–39, wurde das erste Verbot nach der Landnahme in Sichem beim Bundesschluß der Stämme formuliert. Dies ist nicht überzeugend, da es in Jos 24 bloß um die Verpflichtung Ephraims auf Jahwe ging.

[29] Zu den Rekabitern siehe S. Nyström, Beduinentum und Jahwismus, 1946, 61.

standen, also nicht rein ethisch waren. Im übrigen läßt sich Mose mit
Jonadab ben Rekab nicht in allen Punkten vergleichen. Die Erkenntnis
der Einzigartigkeit Jahwes auf Grund der Befreiung aus Ägypten
(Ex 18 8-11a) tendiert zur Ausschließlichkeit[30]. Die Auseinandersetzung
wegen des goldenen Kalbes setzt das sinaitische Verbot des Jahwebildes
voraus[31], worauf u. a. im folgenden Kapitel einzugehen ist.

---

[30] Zur Unvergleichbarkeit Jahwes vgl. C. J. Labuschagne, The Incomparability of
    Yahweh in the Old Testament, 1966.
[31] Im Hintergrund steht allerdings nicht der »Sieg der heiligen Lade über das Schnitz-
    bild in Bethel«, wie J. Dus, Das zweite Gebot, CV 4 (1961), 37–50, annimmt.

VII. Moses Konflikt mit Aron und Mirjam und der Anschluß der Leviten

1. DAS GOLDENE KALB

Die Erzählung Ex 32[1] setzt nach M. Noth »die nach 1. Kön. 12 38 f. durch den König Jerobeam I. von Israel erfolgte Begründung der Staatsheiligtümer von Bethel und Dan und deren Ausstattung mit je einem ›goldenen Kalb‹ voraus und charakterisiert diesen kultpolitischen Akt als Abfall vom Gott Israels, indem sie sein Urbild an den Sinai verlegt, um ihn hier schon durch den berufenen Mund Moses als Bundesbruch verurteilen und mit einem gefährlichen massiven Fluch belegen zu lassen[2].« M. Noth[3] bestreitet konsequenterweise eine Jerobeam I. vorausgehende Überlieferung. Der Maßnahme Jerobeams I., die z. B. die Propheten Elia, Elisa und Amos nicht rügten[4] und gegen die ein Jehu nichts unternahm, wäre kaum ein Erfolg beschieden gewesen, hätte er im Hinblick auf die Kultbilder nicht an ältere Traditionen angeknüpft, wie ja auch Bethel eine heilige Stätte vor allem der Jakobüberlieferung war (Gen 28 10 ff.)[5]. Dies schließt nicht aus, daß bei der Ausgestaltung von Ex 32 die Maßnahmen Jerobeams I. berücksichtigt wurden; der alleinige Ursprung der Geschichte vom goldenen Kalb sind sie aber keineswegs. Während M. Noth[6] nachzuweisen versucht, daß Aron in Ex 32 sekundär

---

[1] M. Noths (ÜPent 200) Zuweisung zu J überzeugt nicht. Im Zusammenhang mit Ex 24 12. 13b. 18b 31 18b ist an E zu denken. So auch W. Beyerlin a. a. O. 24 ff., der sogar Ex 32 7-14. (Noth: dtr) 21-24. 25-29. 35 für elohistischen Zuwachs hält. Mit O. Eissfeldt, Hexateuch-Synopse, Neudruck 1962, z. St. würde ich v. 17-18. 25-29 zu L/N zählen.

[2] ÜPent 158 ff.   [3] A. a. O. 159.

[4] Anders Hos 8 5 f. 10 5; vgl. H. W. Wolff, Hosea, 1961, 179 ff. 221 ff.

[5] Die Gottesbezeichnung der »Starke Jakobs« konnte auf das Stierbild bezogen werden (Gen 49 24); vgl. A. H. J. Gunneweg a. a. O. 91 Anm. 1 und H. Seebass, Der Erzvater Israel, 1966, 15 f. 50. 53. Interessant ist, daß Jerobeam I. sozusagen die Erzväter- (Jakob-) und Exodustradition – sicherlich nicht als erster – miteinander verband. Neuerdings stellen M. Aberbach – L. Smolar, Aaron, Jeroboam, and the Golden Calves, JBL 86 (1967), 129–140, die Beziehungen zwischen Arons Handlung und der Jerobeams I. in I Reg 12 heraus; sie halten es für möglich, daß sich Jerobeam I. auf Aron berief und besondere nordisraelitische Traditionen aufgriff. Aron könnte in Ex 32 geschont worden sein, weil das Kap. aus zadokitischer Sicht verfaßt sei und die Zadokiten sich von Aron herleiteten.

[6] Das zweite Buch Mose, 200 f.

ist und v. 1b-4. 21-24. 35bβ Zusätze seien, ist W. Beyerlin[7] anderer Ansicht:
Er sieht in Ex 32 1-6 eine Kultätiologie, aus der Aron, der Ahnherr der
Pinehas-Priesterschaft zu Bethel (Jdc 20 27 f.)[8], nicht herausgelöst werden
kann[9]. Schwierigkeiten bereiten die Übersetzung und die Erklärung
von Ex 32 4. H. Seebass[10] übersetzt v. 4aβ mit: »und er zeichnete ihn mit
einem Griffel«, d. h. Gott wäre auf einer Holztafel dargestellt worden,
die natürlich brennbar war (vgl. v. 20aα). V. 3-4aα. 24 lassen auf ein aus Gold
gegossenes Kalb schließen, das vielleicht nach v. 24b wunderbar entstanden
war[11], falls dieser Halbvers nicht eine Ausrede sein soll. Die Unausge-
glichenheiten hinsichtlich des Materials hängen wohl damit zusammen, daß
Aron in eine Kultlegende eingedrungen ist, die ein hölzernes Kultbild
voraussetzte. Die Legende wurde aber im Hinblick auf die *goldenen*
Kälber Jerobeams I. (I Reg 12 28a) umgestaltet. In Ex 32 4b ist es unwahrscheinlich, daß sich Israel (vgl. »und sie sprachen . . .«) als »Israel« an-
redete. Es ist die Version von G[B] vorzuziehen, wonach Aron die Dekla-
ration sprach: »Dies sind deine Götter, Israel, die dich aus Ägyptenland
heraufgeführt haben« (vgl. v. 9; I Reg 12 28b). Der pl. ist sicherlich eine
absichtliche Verunstaltung; schon im Hinblick auf das eine Kultbild ist
der sg. zu lesen: »Das ist dein Gott, Israel, der dich aus Ägypten heraufgeführt hat«. Durch den Altarbau – eine übliche Maßnahme zur
Jahwesierung (vgl. Gen 12 7f. Ex 17 15 24 4b) –, der mit der Anberaumung
eines »Wallfahrtsfestes für Jahwe« zusammenhängt, sollte der Stierkult
legitimiert werden (Ex 32 5). Gegen den Charakter eines Jahwefestes
sprechen nicht die Ganz- und Heilsopfer, auch nicht das kultische Mahl.
Aus dem Verbum *ṣḥq* (pi.) (v. 6) geht nicht hervor, daß sexuelle Orgien
gefeiert wurden[12]. Die Reigentänze in v. 19 erinnern an Ex 15 20 f., wo Mirjam dadurch in den Jahwekult einbezogen wurde, daß man ihr einen
Jahwehymnus in den Mund legte. Auch der »Laut der Wechselgesänge«[13],

---

7 A. a. O. 148 f.; siehe auch A. H. Gunneweg a. a. O. 88 ff.

8 Ein späterer Einschub; so J. Maier a. a. O. 41.

9 Beachtenswert ist S. Lehmings (Versuch zu Ex 32, VT 10 [1960], 28 ff.) Vermutung,
v. 2-4a hätten einen Text verdrängt, in dem von der Anfertigung eines hölzernen
Stierbildes die Rede war. Daß die Initiative vom Volk ausgegangen sei, ist m. E.
wenig wahrscheinlich (49 f.). Möglich ist allerdings, daß Aron in eine vorisraelitische
Kultlegende eingedrungen ist.

10 Mose und Aaron, Sinai und Gottesberg, 1962, 34 f. R. Gradwohl, Die Verbrennung
des Jungstiers, Ex 32 20, ThZ 19 (1963), 50–53, ist mit Bezug auf Dtn 9 21 der Ansicht, daß das sogenannte Fluchwasser nicht getrunken wurde; »und ließ die Israeliten trinken« in v. 20b sei sekundär.

11 So A. H. J. Gunneweg a. a. O. 89 Anm. 4.

12 Anders M. Noth, Das zweite Buch Mose, 204.

13 F. I. Andersen, A lexicographical Note on Exodus XXXII 18, VT 16 (1966), 108
bis 112, vermutet ebenfalls „antiphonal singing« (111); abwegig ist m. E. R. Edel-

den Mose vernahm (Ex 32 18)[14], erinnert an die Aufführung des kurzen
Siegestanzliedes in Ex 15 20 f.. Die etwas notdürftige Jahwesierung in
Ex 32 5 läßt vermuten, daß das aronitische Stierbild nicht Jahwe, sondern
eher einen Vätergott repräsentierte (vgl. Anm. 5), der die Wüstenfestgruppe aus Ägypten heraufgeführt hatte. Vermutlich trat dieser Gott,
der dann mit Jahwe gleichgesetzt wurde, erst am Gottesberg in Beziehung zu dem Kultbild. Das Kultbild verstieß aber gegen die Forderung
der bildlosen Jahweverehrung. Von dem Gott des Kultbildes erwartete
man, daß er beim Eisodus vorangeht (Ex 32 1. 23), also zur Erfüllung der
Landverheißung beiträgt, die neben der Verheißung der Nachkommenschaft Bestandteil der Väterreligion ist.

Die kultpolitischen Maßnahmen Jerobeams I., der im Gegensatz
zu Jerusalem stand, wo die Mosegestalt anscheinend besonders in Beschlag genommen worden war (vgl. Ps 99 6 f.), waren demnach keine
Neuerungen, die wenig Aussicht auf Bestand gehabt hätten, sondern eine
Erneuerung mit einem bewußten Rückgriff auf die aronitische Wüstenfesttradition unter Beachtung der Jakobtradition in Bethel. Wie konnte
er aber den Stierkult wiedereinführen, wenn bereits Mose die »Tafeln
der ʿedut« am Fuß des Gottesberges zerbrochen und das Stierbild vernichtet hatte? Zunächst sind einige Vorfragen zu beantworten. Zerstörte
Mose die Tafeln und das Kultbild oder nur eines von beiden oder gar
nichts? Mose empfing die von Gott beschriebenen Steintafeln, die mit der
»Rolle der bᵉrît« (Ex 24 3-8 E) konkurrieren, am Gottesberg (Ex 24 12. 13a.
18b 31 18b). Er zerschmetterte nach Ex 32 19 eigenmächtig die Tafeln der
ʿedut (Ex 31 8b 32 5; vgl. 34 29), die in Dtn 9 9. 1. 5 »Tafeln der bᵉrît« genannt werden. ʿedut hat in diesem Zusammenhang die Bedeutung von
»Verordnung«, die durch eine Verpflichtung des Volkes (= bᵉrît) in Kraft
gesetzt werden soll, analog zu Ex 34 10aα. 27. Die Kultbildanhänger, die
nach dem elohistischen Zusammenhang das Verbot Ex 20 4aα kannten,
erwiesen sich als einer bᵉrît unwürdig. Infolgedessen zerschmetterte Mose
die Tafeln am Fuß des Gottesberges. Die Einführung derselben in
Ex 32 15-16. 19, deren Vernichtung Gott in den v. 7 und 8 nicht angeordnet
hatte, ist wohl überlieferungsgeschichtlich sekundär. Es ist m. E. sehr
wahrscheinlich, daß durch die Zerstörung der Tafeln die Maßnahme
Jerobeams I. als Abfall von Jahwe gebrandmarkt werden sollte. Für

_____

manns (»To זות ̠ Ex XXXII 18«, VT 16 [1966], 355) Vorschlag, in עֲנֹת
(= Göttin Anath) zu ändern. Zustimmend R. N. Whybray, עַנּוֹת in Exodus
XXXII 18, VT 17 (1967), 122.
14 O. Eissfeldt, Hexateuch-Synopse, Neudruck 1962, z. St., trifft die interessante
Feststellung, daß sowohl in Ex 17 11. 13 als auch in 32 18 für »Siegen« und »Verlieren« die Wurzeln gbr und ḥlš gebraucht werden, was dafür spricht, daß Ex 17 8 ff.
und 32 17 f. der gleichen Quelle (L) angehören.

diesen Kult und seine Anhänger gibt es weder eine göttliche *bᵉrît* noch *ᶜedut*. Im Gegensatz dazu steht die durch Mose vermittelte Jerusalemer *bᵉrît* von Ex 34 1-28, bei der den judäischen Heiligtumsregeln die »mosaischen« Verbote des Fremdkults und des Kultbildes vorangestellt wurden (siehe oben 58 f.). Durch den Zusatz »und mit Israel« in v. 27 erhob Jerusalem sogar Ansprüche auf das Nordreich.

Hat nun Mose das Kultbild der aronitischen Wüstenfestgruppe, das geradezu einen Ersatz für ihn selbst darstellen sollte (Ex 32 1. 4. 7 f.), zerstört? Der historische Vorgang ist schwer zu erhellen[15]. Man könnte annehmen, daß die Vernichtung einer antijerobeamischen Tendenz entspränge. Da es aber allem Anschein nach zwischen Mose und Aron zu einem Ausgleich (vgl. Ex 4 14-16. 27-28. 30a E) und damit zu einer Verschmelzung der beiden Gruppen kam, ist die Zerstörung des goldenen Kalbes, wie auch immer es ausgesehen haben mag, historisch das Wahrscheinlichere. Der Rückgriff Jerobeams I. auf das aronitische Kultbild braucht damit nicht im Widerspruch zu stehen, da diese Tat Moses im Nordreich keine normative Kraft hatte, zumal in Jerusalem die »mosaische« eherne Schlange bis in die Zeit Hiskias verehrt werden konnte (II Reg 18 4). Es ist durchaus möglich, daß in der Königszeit Aron im Nordreich ein größeres Ansehen als Mose genoß, der offensichtlich in Jerusalem eine besondere Bedeutung hatte. Aron wurde wohl deswegen in Jerusalem nicht verdammt, weil er sich Mose unterworfen und wahrscheinlich mit den Leviten zu Mose und damit zu Jahwe gehalten hatte (vgl. Ex 32 25-29). Vielleicht führten sich schon bald die ursprünglich jebusitischen Zadokiten[16] in Auseinandersetzung mit den »mosaischen« Leviten auf den Priester Aron zurück (vgl. I Chr. 5 30-34 6 35-38).

Abschließend ist noch Dtn 9 7–10 11 mit Ex 32 zu vergleichen. Der erstgenannte Abschnitt stellt einen im Memoirenstil gehaltenen Einschub dar[17], in dem m. E. 9 10. 13-14. 18-19. 22-24 10 1-5. 6-7. 8-9 sekundär sind. Beim Vergleich mit Ex 32 fällt u. a. auf, daß der Horeb ausdrücklich genannt wird (9 8), der »mit Feuer brannte« (9 15; vgl. 4 11 5 20), was auf den Einfluß der Sinaitheophanie zurückgeht. Über Aron, für den Mose Fürbitte einlegte, war Jahwe sehr erzürnt; er wollte ihn sogar vertilgen (9 20). Auf Grund dessen wurde die Itinerarnotiz 10 6 f. eingefügt, die durch die Anmerkung des Todes und des Begräbnisses Arons in Mosera und seiner Nachfolge

---

15 H. Seebass a. a. O. 60 und 81 f. bezweifelte, daß die Auseinandersetzungen von Mose und Aron geführt wurden. Da aber Jdc 20 27 f. ein Einschub ist und es sich bei I Reg 12 31 nach A. H. J. Gunneweg a. a. O. 92 kaum um eine historische Notiz handelt, geht es m. E. nicht an, die Auseinandersetzungen überlieferungsgeschichtlich auf den Gegensatz »mosaischer« Leviten gegen Aroniden in Bethel zurückzuführen.

16 Vgl. H. Schmid, Melchisedek und Abraham, Zadok und David, Kairos 7 (1965), 148 ff.

17 Siehe G. v. Rad, Das fünfte Buch Mose, 54 f.

durch Eleasar erweitert worden war (v. 6b). Mose vernichtete das Kalb und warf seinen Staub in einen vom Berg herabfließenden Bach, der kaum am vulkanischen Sinai, jedoch am Horeb entspringen konnte (vgl. Ex 17 6). Die Fürbitte nach der Zerstörung des Kultbildes wird nicht lokalisiert, müßte aber, falls 10 10-11 sich an 9 25-29 anschließt, auf dem Berg vorgebracht worden sein. Im Unterschied zu Ex 32 30 ff. wurde Mose erhört, wie auch in dem deuteronomistischen Einschub Ex 32 9-14.

Die sekundären Verse 10 1-5 setzen wie Ex 34 1 ff. die Neuanfertigung der Steintafeln und auf Grund von Ex 25 10 ff. 37 1-9 (P) die Herstellung der Lade voraus, die Behältnis der von Gott beschriebenen Gebotstafeln (anders Ex 34 27 f.) ist. Der ausgesonderte Stamm Levi stellt die Träger der Lade der berît (Dtn 10 8 f.; vgl. 31 9. 25).

Während die elohistische Schicht nach der Zerstörung der »Tafeln der 'edut« – Dtn 9 9. 11. 15 spricht von »Tafeln der berît« – keine neue berît kennt, spricht Dtn 28 69 von den »Worten der berît, die Jahwe Mose mit den Israeliten im Lande Moab zu schneiden geboten hatte«. Der Nachsatz v. 29b (»abgesehen von der berît, die er ihnen am Horeb schnitt«) ist eine Harmonisierung, die mit der Vorstellung ausgleichen will, daß die Verpflichtung am Horeb auch für die zweite Generation gültig war (Dtn 5 2 f.). Da die berît im Lande Moab damit im Widerspruch steht, muß ihr eine eigene Tradition zugrunde liegen. Diese hat m. E. ihre historische Wurzel darin, daß Mose bereits im südlichen Ostjordanland ansässige Israeliten durch eine berît in das Volk eingliederte[18]. Eine in Jerusalem entstandene literarische Nachbildung einer derartigen »mosaischen« berît findet sich in Ex 34.

2. ARON ALS OFFENBARUNGSEMPFÄNGER

Wie bereits festgestellt, besteht die priesterliche Funktion hauptsächlich in der Darbringung von Opfern und in der Erteilung von Orakeln. Ersteres ist sowohl für Mose (Ex 24 3-8) als auch für Aron (Ex 32 5 f.) bezeugt. Um letzteres geht es in Num 12. Der Konflikt mit Mirjam soll erst im nächsten Abschnitt besprochen werden.

Die Quellenscheidung in Num 12 ist äußerst schwierig. Wegen der Frage des prophetischen Mittlers und des Vorkommens des Zeltes der Begegnung gehören m. E. v. 2-9 E an; v. 10aβ leitet zu v. 10b-15 über, die den Vorwurf Mirjams in v. 1 zur Voraussetzung haben. V. 1. 10b-15 sind jahwi-

---

[18] Nach G. Fohrer, Altes Testament – »Amphiktyonie« und »Bund«?, ThLZ 91 (1966), 812 ff. und 900 ff., waren u. a. die Stämme Ruben und Gad schon vor Mose ansässig gewesen. Aus dem Bau eines Altars am Jordan, der ursprünglich einen Namen hatte (Jos 22 34), kann m. E. gefolgert werden, daß die ostjordanischen Stämme eine starke Eigenständigkeit hatten.

stisch oder gehören der Quelle L/N an[19]. In dieser Version ist Aron in v. 1 sekundär. Er spielt dann eine untergeordnete Rolle: Um der aussätzigen Mirjam willen, die nicht als seine Schwester bezeichnet wird (anders Ex 15 20 E), wendet er sich flehend an seinen »Herrn Mose«, der für beide zu Jahwe schreit. Aron wagte gar nicht, selbst vor Gott Fürbitte zu tun. In v. 10b will beachtet sein, daß er Mirjams Aussatz feststellte. Diese Diagnose ist nach Dtn 24 8 f. Sache der levitischen Priester. Möglicherweise fungierte der Levit Aron hier als solcher (vgl. Ex 4 14).

In dem elohistischen Abschnitt Num 12 2-9, in dem v. 3-4 vielleicht eine Glosse sind, fragen Aron und Mirjam – so die Reihenfolge in v. 5b –, ob Jahwe wirklich nur durch Mose und nicht auch durch sie geredet habe. Es geht also um die Frage des Offenbarungsmittlers. Ort des Offenbarungsempfanges ist das Zelt der Begegnung außerhalb des Lagers, zu dem sich nach Ex 33 7 (E) jeder begeben konnte, um Jahwe zu suchen. Aron und Mirjam, die nach Ex 15 20 Prophetin war, waren offensichtlich Offenbarungsmittler, wurden aber durch den unvergleichlichen Propheten Mose in den Hintergrund gedrängt (Num 12 6-8; vgl. Ex 33 11a Dtn 34 10). Wenn Mose als »Knecht Jahwes« im Hause Jahwes »als zuverlässig« und damit als allein zuständig erfunden wurde, so kann im Zusammenhang nur das Zelt der Begegnung gemeint sein, das in Jerusalemer Sicht durch den Tempel (»Haus Jahwes«) abgelöst wurde. Kaum gilt in Num 12 7 das ganze Volk als Jahwes Hauswesen, in dem Mose gleichsam der erste Knecht gewesen wäre (vgl. Gen 24 2). Eindeutig ist die Degradierung Arons, der in Ps 99 6 immerhin als Priester nach Mose erscheint, und Mirjams. Jahwe redete mit Mose von Mund zu Mund, sogar seine Gestalt darf er schauen (Num 12 8; vgl. Ex 24 9-11), was im Widerspruch zur Sinaitheophanietradition steht (Dtn 4; vgl. Ex 33 18 ff.). Es liegen hier Elemente der Gottesbergüberlieferung vor. Offenbarungsempfänger durch Audition und Vision[20] ist Mose allein. Aron, zu Moses Mund degradiert (Ex 4 16b), übermittelt nur noch »alle Worte, die Jahwe zu Mose geredet hatte« (Ex 4 30a). Wehe dem, der etwas gegen Mose, den Knecht Jahwes, redet (Num 12 8b)! Hier kann man eigentlich nicht mehr von einem Ausgleich zwischen Mose und Aron reden, sondern nur noch von einem Sieg des ersteren über den letzteren. Massive Auseinandersetzungen müssen sich in Num 12 niedergeschlagen haben[21].

---

[19] O. Eissfeldt a. a. O. z. St. zählt v. 2. 5b. 6. 7a. 8a. 9a. 10b-16 zu L, den Rest zu E. Nach M. Noth, Das vierte Buch Mose, 83 f., ist Num 12 ein sekundärer Zuwachs zu J. Dieses Urteil wird dem komplizierten Textbestand nicht gerecht.

[20] Es erhebt sich das Problem, das hier nicht weiter verfolgt werden kann, warum Gott nicht abgebildet werden darf, wenn er schaubar ist. Bemerkenswert ist, daß Propheten Gott schauen (vgl. Jes 6 Ez 1), aber nicht beschreiben. Im weiteren Sinn spielt auch die Frage der Ebenbildlichkeit des Menschen hier herein. Siehe H. Schmid, Gottesbild, Gottesschau und Theophanie, Judaica 23 (1967), 241–254.

Aufschlußreich ist auch Ex 34 29-35, wo P alte Traditionen bringt. Die Verknüpfung mit dem Sinai (v. 29-33) ist gewiß überlieferungsgeschichtlich sekundär. Aron und die n[e]śi'îm – hinter ihnen stehen überlieferungsgeschichtlich wohl die Ältesten der Wüstenfestgruppe – sind Mose untergeordnet. In dem Kern des Abschnittes (v. 34 f.) setzen das Kommen und Herausgehen das Zelt der Begegnung voraus[22]. Wiederum ist Mose der einzige Offenbarungsempfänger. Vermutlich hat er Josua (vgl. Ex 33 11 Num 11 28) im Zelt der Begegnung ersetzt.

Es ist äußerst schwierig, Num 12 im Hinblick auf den Gegensatz zwischen Mose und Aron historisch auszuwerten. Im Hintergrund dürften Auseinandersetzungen der beiden über den Offenbarungsempfang stehen, die in einem gewissen sachlichen Zusammenhang mit dem Streit über das Kultbild zu sehen sind (Ex 32).

3. DIE AUSEINANDERSETZUNG MIT MIRJAM

Während die Konflikte mit Aron in Ex 32 und vor allem in Num 12 historisch schwer greifbar sind, erhebt Mirjam in Num 12 1a[23] einen Vorwurf gegen Mose »um der kuschitischen Frau willen, die er genommen hatte«. Freilich ist es nicht ganz sicher, ob mit der Kuschitin die Midianiterin Zippora gemeint ist. Da aber in Hab 3 7 »die Zelte Kuschans« und die »Zeltdecken Midians« in Parallele stehen, sind Midian und Kuschan identisch oder nahe beieinander gelegen. Es gibt keine Anhaltspunkte dafür, daß Mose etwa nach seiner endgültigen Trennung von seinem Schwiegervater in Nordwestarabien eine Kuschitin geheiratet habe[24].

---

[21] Nach G. Fohrer, Tradition und Interpretation im Alten Testament, ZAW 73 (1961), 14, geht es bei der Zurückweisung von Mirjam und Aron in Num 12 um die Ablehnung der aronitisch-zadokitischen Bestreitung der Priesterrechte nordisraelitischer Priester, die sich über Eli von Mose herleiteten.

[22] So auch M. Noth, Das zweite Buch Mose, 220.

[23] Nach M. Noth, Das vierte Buch Mose, 83 f., ist dieser Vers überlieferungsgeschichtlich primär (v. 1b ist Glosse). Die Fortsetzung bildet m. E. der Abschnitt 10b-15: Mirjam, das Subjekt des Vorwurfs in v. 1a, wird bestraft. Der schwer zu deutende Vergleich in v. 14 bleibt im familiären Rahmen. Warum Num 12 1-15 in die Stationsangabe Chazeroth eingeschaltet wurde, ist kaum sicher zu sagen. Vielleicht hat Chazeroth = »umhegte Plätze« die Szene vom Ausschluß aus dem »Lager« (v. 14 f.) an sich gezogen (vgl. Dtn 24 9). Mirjams Tod in Kadesch (Num 20 1b) beweist natürlich nicht, daß sich Num 12 dort zutrug, zumal Mirjams Bestrafung in Num 12 eine abgeschlossene Sache ist und nicht auf ihr Lebensende hintendiert. Neuerdings lokalisiert E. Auerbach, Moses, 1953, 105 f., den Passus Num 12 in Kadesch, ohne freilich einen Beweis dafür erbringen zu können. Vgl. E. Nielsen, The Levites in Ancient Israel, ASThI 4 (1965), 19.

[24] Originell, aber unbegründet ist F. V. Winnetts (»The Mosaic Tradition«, 1949, 66) Meinung, der Keniter Hobab sei der Vater der »Kuschitin«.

Verständlicher ist, daß es infolge der Trennung von den Midianitern (Ex 18 27 Num 10 29 ff.) zu keinem Konnubium mit denselben kam und die »Fremdheirat« Moses von Mirjam als ungehörig empfunden wurde. Hinzu kommt, daß Zippora, die nach Ex 4 24-26 eine kultische Handlung vorgenommen hatte, in eine schwer bestimmbare Konkurrenz zur »Prophetin« Mirjam (vgl. Ex 15 20) getreten sein könnte[25]. Vielleicht ist dies auch der tiefere Grund dafür, weswegen sich in Num 12 2 ff. die Frage des Offenbarungsempfanges anschließt.

Als mit dem Aussatz Bestrafte ist Mirjam ganz und gar auf die prophetische Fürbitte Moses angewiesen, die dieser infolge der untertänigen Vermittlung Arons übt, der noch nicht als ihr Bruder gilt (Num 12 10b-13). Wiederum wird die Autorität Moses außerordentlich hervorgehoben. Die Haggada mündet sozusagen in die Halacha einer Quarantäne von sieben Tagen aus; hätte das Volk nicht gewartet, so wäre Mirjam für immer ausgestoßen gewesen (v. 14 f.). Das Lebensende Mirjams ist nicht eine Strafe für den Vorwurf in v. 1a. Infolgedessen dürfte die Notiz von ihrem Tod und ihrem Begräbnis in Kadesch (Num 20 1b E) historisch zutreffend sein[26]. Am Zug ins Ostjordanland konnte sie wie ihr »Bruder« Aron (Num 20 22 ff. Dtn 10 6 f.) nicht mehr teilnehmen. Ihre Gestalten, vor allem die Arons, spielten in der Überlieferungsgeschichte eine Rolle. Dabei war die historische Erinnerung an Aron so verblaßt, daß P seinen Tod, der in Dtn 10 6 f. sicher in Mosera = Moseroth (Num 33 30b-31a) bezeugt ist, in Analogie zum Lebensende Moses nach der Verfehlung von Num 20 1-13 – P berichtet den Abfall zum goldenen Kalb nicht – auf dem in einer Stationsliste vorgegebenen nächsten Berg nach Kadesch, dem Hor, stattfinden lassen konnte (Num 20 22 ff.). Wenn auch Aron als Stammvater der Aroniden verstanden wurde, auf den sich sogar die Zadokiten zurückführten (I Chr 5 30-34 6 35-38), so wäre es trotzdem verfehlt, in ihm und in den Auseinandersetzungen mit Mose ausschließlich Rückprojektionen zu sehen. Dies verbietet eine indirekte Beweisführung: Über Jitro, von dem sich allerdings keine späteren israelitischen Gruppen herleiteten, und über die Midianiter wird in den älteren Quellen (anders in Num 31 P) trotz der späteren Feindschaft in der Richterzeit (Jdc 6–8) nichts Böses gesagt. Der Grund liegt darin, daß sich Israeliten und Midianiter in der Wüstenzeit trennten. Über Aron konnte man nicht schweigen, weil es zu einem Zusammengehen mit Mose kam und er so priesterlicher Ahnherr der Aroniden und Zadokiten werden konnte. Welchen Kreisen daran gelegen war, Moses – offensichtlich umstrittene – Geltung über alle Maßen hervorzuheben, ist im einzelnen nicht leicht zu entscheiden. Vielleicht haben

---

[25] Es wäre sachlich nicht unmöglich, ginge aber über den Rahmen dieser Untersuchung hinaus, wenn man Mirjam eine noch weiterreichende Eifersucht zuschreiben wollte.
[26] Vgl. M. Noth, Das vierte Buch Mose, 127 f.; anders in ÜPent 200.

zunächst Leviten dazu beigetragen, über die in den beiden nächsten Abschnitten zu handeln ist. Selbstverständlich kann es dabei nicht um das gesamte Levitenproblem gehen.

4. DIE LEVITEN UND IHRE BEZIEHUNGEN ZU ARON UND MOSE

Zunächst ist der Abschnitt Ex 32 25-29[27] zu untersuchen, der durch v. 25 redaktionell mit der vorhergehenden Entschuldigung Arons wegen des goldenen Kalbes verknüpft ist. Aron selbst wird in den v. 26-29, auch in 30-34 (v. 35 ist sekundär), nicht mehr erwähnt. Die Situation in v. 26 f. ist die des Lagers. Das Mosewort: »Wer zu Jahwe gehört, her zu mir!« setzt voraus, daß Jahwe bekannt war und die Angesprochenen Jahwebekenner sein wollten. Mose erscheint hier als der Exponent echter und ausschließlicher Jahweverehrung. Der erste Höhepunkt ist, daß sich »alle Leviten« zu Mose und damit zu Jahwe hielten. Gehörte ihnen der Levit Aron an (vgl. Ex 4 14), so wäre er ebenfalls zu Mose übergegangen. Es dürfte nicht richtig sein, mit A. H. J. Gunneweg[28] in v. 29a. bβ den einzigen überlieferungsgeschichtlichen Kristallisationspunkt zu sehen. Der Übertritt der Leviten – mit oder ohne Aron – zu Mose ist der erste Höhepunkt. Wer war ihr Haupt vor diesem Anschluß an Mose? Dem Zusammenhang nach ist an Aron zu denken. Der Zusammenhang ist aber nicht einmal literarisch primär, da die v. 25-29 deutlich einen Einschub darstellen, dessen zweiter Höhepunkt die priesterliche Bestallung der Leviten ist[29]. Diese wiederum ist ein Ergebnis ihrer Vereinigung mit Mose. Es ist durchaus möglich, daß ein literarisch sekundärer Zusammenhang historisch ursprünglich sein kann. Mit anderen Worten: Die Leviten dürften in Beziehung zur Wüstenfestgruppe gestanden haben, deren Haupt »der Levit« Aron war (vgl. Ex 4 14 E). Wahrscheinlich ist Aron, der, abgesehen von dem sekundären Vers 32 25, nicht mehr erwähnt wird, mit seinen levitischen Genossen zu Mose und seiner Schar übergetreten. Infolgedessen heißt es zutreffend: »und es versammelten sich bei ihm *alle* Leviten« (v. 26b). Wie ist es aber dann möglich, daß die Leviten »Brüder, Genossen und Nächste« mit dem Schwert, das sie sofort zur Hand hatten[30], töteten,

---

[27] C. A. Simpson, The Early Traditions of Israel, 1948, 440, schließt aus Ex 32 25-29 und 19 18 auf eine Wallfahrt Moses von Kadesch zum arabischen Sinai, was keineswegs überzeugend ist.

[28] Leviten und Priester, 1965, 31 ff.

[29] Siehe zur »Handfüllung« M. Noth, Amt und Berufung im Alten Testament, 1958, 7 Anm. 7.

[30] Trotzdem geht es zu weit, wenn H.-J. Zobel, Stammesspruch und Geschichte, 1965, 30 f., im Anschluß an O. Eissfeldts Aufsatz »Zwei verkannte militärtechnische Termini im Alten Testament«, VT 5 (1955), 232–238 = Kleine Schriften, III 1966, 354–358, »eine in oder zumindest in der Nähe von Kades lokalisierte militärische Ausbildung der Angehörigen der jungen Priesterzunft« annimmt.

wenn sich alle um Mose scharten? Vielleicht sind damit nichtlevitische Angehörige der Wüstenfestgruppe gemeint, also nicht »Brüder« im engeren Sinn, obgleich das Nebeneinander von »Sohn« und »Bruder« in v. 29 an nähere Verwandte denken läßt. Möglicherweise ist die ganze blutige Szene aus der levitischen Regel absoluter Bindungslosigkeit (vgl. Dtn 33 9) herausentwickelt worden[31], der allerdings levitische Genealogien, auch der Passus Ex 2 1-3a zu widersprechen scheinen. Oder beruht die Regel in Dtn 33 9 auf dem Ereignis von Ex 32 27-29[32]? Eine sichere Entscheidung ist kaum zu fällen, wenn auch m. E. die zweite Möglichkeit mehr für sich hat. Wesentlich ist die Erkenntnis, daß sich die Leviten in Kadesch Mose zuwandten, der selbst aus einem nach Ägypten abgewanderten levitischen Haus als Erstgeborener stammte (Ex 2 1-3a). Wenn sie nach den Kadeschereignissen nicht mehr erwähnt werden[33], so hängt das wohl damit zusammen, daß sie zum großen Teil nicht mit Mose zogen, sondern in Kadesch blieben und später vor allem in den Süden des Westjordanlandes eindrangen. Dafür könnte sprechen, daß in Jdc 17 7 ff. 18 3 ff. 15 ff. ein Levit aus Bethlehem-Juda erwähnt wird, der es um der Planstelle willen mit dem Verbot des Kultbildes nicht gerade genau nahm. Ein anderer Levit stammte zwar vom Gebirge Ephraim (Jdc 19 18), hatte aber eine Nebenfrau aus Bethlehem-Juda, vielleicht seiner ursprünglichen Heimat[34]. Von den Aufgaben der Leviten handelt der komplexe Levispruch in Dtn 33 8-11, den H.-J. Zobel[35] in die späte Richterzeit datiert.

---

[31] So A. H. J. Gunneweg a. a. O. 32 ff.

[32] So H.-J. Zobel a. a. O. 33 f.

[33] Am ehesten würde man ein Eingreifen der Leviten in Num 25 1-5 erwarten. M. Noth, Das vierte Buch Mose, 170, leitet das Stück von J her und stellt fest, »daß es in sich wenig geschlossen ist«. O. Eissfeldt, Hexateuch-Synopse, Neudruck 1962, z. St., gewinnt durch die Scheidung in L (v. 1a. 3a. 5) und J (v. 1b. 2. 3b. 4) zwei Rezensionen. Nach L war Israel in Abel-Sittim (= tell el hammām) seßhaft und ließ sich in das Geschirr des lokalen Baal Peor einspannen, der bei der heutigen chirbet ʿajūn mūsa (so O. Henke, Zur Lage von Beth Peor, ZDPV 75 [1959], 160 ff.) von Moabitern und Israeliten verehrt wurde. In v. 5 forderte Mose die »Richter« Israels auf, die Leute, für die sie zuständig waren, zu töten. Sind damit die den Obersten von Ex 18 21b. 25b vorausgehenden Ältesten gemeint? In der anderen Version führte die Unzucht mit Moabiterinnen, die anscheinend hauptsächlich von den »Häuptern des Volkes« (Ex 18 24?) betrieben wurde, zum Götzendienst (vgl. Ex 34 16). Mose selbst griff rabiat durch, indem er die Schuldigen auf eine nicht mehr sicher zu ermittelnde Weise (vgl. M. Noth, Das vierte Buch Mose, 172) »für Jahwe angesichts der Sonne« hinrichtete, »damit die Glut des Zornes Jahwes von Israel weiche«. Ob Mose hier ursprünglich ist, ist schwer zu entscheiden; vgl. A. H. van Zyl, The Moabites, 1960, 123 f.

[34] Wie haben sich die Leviten zu dem Bethlehemiten David verhalten? Wahrscheinlich kam es schon unter Salomo zu einem Gegensatz zwischen ihnen und den Zadokiten.

[35] A. a. O. 67 f.

5. DER LEVISPRUCH DTN 33 8-11

Aus diesem Spruch wurde seit J. Wellhausen[36] immer wieder erschlossen, daß Kadesch die Heimat der Leviten sei. Neuerdings vertritt H.-J. Zobel[37] diese These, während A. H. J. Gunneweg dagegen Bedenken erhebt: »Überhaupt wird man sich wegen der dunklen Anspielungen, die sich auf ältere Traditionen beziehen oder solche zu verwerten oder umzudeuten scheinen, solche älteren Traditionen also schon voraussetzen, hüten müssen, den Spruch als solchen in seiner vorliegenden Gestalt als älteste, ursprünglichste Tradition über Levi und Mose zu betrachten und unmittelbar als Geschichtsquelle für das Levitentum und Mose auszuwerten[38].« Dennoch lassen sich aus dem komplexen Spruch eine Reihe von Erkenntnissen gewinnen, allerdings nicht über Mose direkt, da von ihm in dem umstrittenen v. 8 überhaupt keine Rede ist. Mose ist nach der wohl elohistischen Einleitung Dtn 33 1 als »Gottesmann« das Subjekt des Spruches und nicht sein Objekt. V. 8 lautet:

»Und zu Levi sprach er:
Deine Tummim und deine Urim gehören den Mannen deines Getreuen,
den du versuchtest in Massa,
mit dem du prozessiertest an den Wassern von Meriba.«

Mit Levi ist entsprechend dem Zusammenhang mit den übrigen Sprüchen der betreffende Stamm gemeint. Die Ausführungen A. H. J. Gunnewegs[39] lassen erkennen, wie schwierig die Bestimmung des »Getreuen« (ḥasîd) ist. Nimmt man jedoch an, daß sich der Redaktor, der den Spruch Mose in den Mund gelegt hat, etwas überlegt hat, so kommt von vornherein nicht Mose, sondern nur der Stammvater als »Getreuer« in Frage[40]. Wenn von seinen »Mannen« ('îš) und nicht von seinen »Söhnen« die Rede ist, dann deswegen, weil er nach v. 9a »seinen Sohn« oder »seine Söhne« (textus emendatus) »nicht kannte«[41]. Levi konnte nur insofern »Stammvater« sein, als die »Mannen« ohne Rücksicht auf Eltern,

---

[36] Prolegomena zur Geschichte Israels, 1906[6] (Neudruck 1927), 129 ff. G. Hölscher, Geschichte der israelitischen und jüdischen Religion, 1922, 64 ff., sieht in Mose den Ahnherrn der levitischen Kadeschpriesterschaft; auch habe die Gesetzgebung dort stattgefunden (Ex 15 15b). Nach C. A. Simpson a. a. O. 421 ff. ist der Stamm Levi in und um Kadesch beheimatet. Aus ihm wäre Mose als Priester hervorgegangen (428 ff.). E. Auerbach a. a. O. 121 nennt die Leviten, dann die Amalekiter und schließlich Mose als die Besitzer der Oasen von Kadesch.

[37] A. a. O. 29 ff. 67 ff.   [38] A. a. O. 39.   [39] A. a. O. 38 ff.

[40] So auch S. Lehming, Massa und Meriba, ZAW 73 (1961), 75; S. Lehming versteht beide Angaben nicht lokal, trotz der »Wasser von Meriba«. Der Zusammenhang von berît (= Verpflichtung) und ḥæsæd (= Loyalität; vgl. Dtn 7 9 I Sam 20 5 Ps 50 5) zeigt sich auch im Levispruch, insofern als in v. 8 f. vom »Getreuen« (ḥasîd) und von der berît die Rede ist.

[41] Bei G. v. Rad, Das fünfte Buch Mose, 1964, 145, wurde v. 9b vergessen.

Geschwister und Kinder seinem Vorbild nachfolgten. Schwer zu erklären sind die Erprobung und der Rechtsstreit bei Massa und an dem Wasser von Meriba. E. Meyer[42], der in dem Getreuen irrtümlich Mose sieht, meint, dieser habe dort die Tummim und Urim Jahwe im Kampf abgerungen. Davon ist aber im Text absolut keine Rede. H.-J. Zobels Übersetzung »die du ertüchtigtest in Massa, die du kämpfen lehrtest in Meriba« (v. 8b)[43] ist anfechtbar. Erstens ist das pluralische Verständnis von »deines Getreuen« zweifelhaft; die Verbalsuffixe stehen auch nicht im pl.; zweitens weiß man nicht, was die militärische Ausbildung bezwecken soll. Allerdings kann man sich auch unter einer Erprobung = Prüfung und einem Rechtsstreit nicht leicht etwas vorstellen. Da in Ps 81 8 nsh (pi.) durch bḥn = »prüfen« ersetzt ist, trifft m. E. das Verbum »erproben« das Richtige. Vielleicht bestanden Erprobung, Prüfung, Versuchung Levis darin, ob er glaubte, daß Jahwe dem Felsen Wasser entlocken könne (vgl. Ex 17 6 Num 20 10). Sowohl in Dtn 33 8b als auch in Ex 15 25b ist Jahwe das Subjekt der Versuchung und nicht das Volk wie in Ex 17 2.7 Num 20 3.13 (vgl. Ps 95 8 106 32), das mit Gott oder Mose »haderte«[44] und sie versuchte. Origineller ist zweifellos die Vorstellung von der Erprobung und dem Rechtsstreit, die von Jahwe ausgingen (vgl. Ps 81 8). So war es offensichtlich in der zugrunde liegenden levitischen Ortssage[45] von Massa und Meriba, in der es um den Stammvater Levi ging (Dtn 33 8). In Ex 15 25b ist Mose der Empfänger von Satzung und Recht und das Objekt der Versuchung in Massa. Mose ist demnach in die levitische Ortssage eingewandert. Diese desintegrierte, so daß nun das Volk Jahwe versucht und mit ihm hadert (Ex 17 Num 20).

Die Frage, ob die Leviten in Kadesch in vormosaischer Zeit absolute Jahweverehrer waren, ist – wie bei der aronitischen Wüstenfestgruppe – zu verneinen, wenn auch der Jahwename nicht unbekannt war. Der jahwehaltige Name der Mutter Moses, Jokebed, der zwar erst in der Priesterschrift bezeugt ist, aber wohl auf alte Tradition zurückgeht

---

[42] Die Israeliten und ihre Nachbarstämme, 1906, 51 ff.; ähnlich E. Auerbach a. a. O. 146 ff. Auch G. Hölscher a. a. O. übernimmt E. Meyers Hypothese. G. Hölschers Vorwurf gegen H. Gressmann, rationalistische Auslegung von Sagen führe zu einem historischen Roman, fällt in diesem Punkt auf G. Hölscher selbst zurück.

[43] A. a. O. 26 im Anschluß an Eissfeldt (siehe oben Anm. 30).

[44] H. J. Boecker, Redeformen des Rechtslebens im Alten Testament, 1964, 102 Anm. 3, hat nachgewiesen, daß rîb nur in Ex 17 2 und Num 20 3 die (uneigentliche) Bedeutung von »anklagen« hat. Dies legt nahe, daß ursprünglich nicht das Volk Subjekt war.

[45] E. Auerbach a. a. O. 77 macht mit Recht auf den grundlegenden Unterschied von (vormosaischen) Orts- und Quellsagen einerseits und (Geschichts-) »Sagen von Mosche« andererseits aufmerksam.

(Ex 6 20 u. ö.)[46], setzt eine Kenntnis des Gottes vom Sinai voraus, wie auch die Aufforderung Moses »wer zu Jahwe gehört, her zu mir!« (Ex 32 26). Bekannt waren wohl auch Vätergötter.

Die Leviten entwickelten sich durch die Hinwendung zu Mose zu Vertretern ausschließlichen Jahwekultes, wie aus den im pl. gehaltenen v. 9b und 10 des Levispruches hervorgeht. Sie bewahrten Jahwes Wort und $b^er\hat{\imath}t$[47], lehrten Israel Jahwes Thora, die aus Rechtssatzungen ($mi\check{s}pa\underline{t}\hat{\imath}m$) bestand; auch brachten sie Opfer dar. Sie hatten Widersacher, wie aus dem Wunsch in Dtn 33 11 hervorgeht, in dem die sich auf Levi beziehenden Suffixe wieder im sg. stehen. Ob damit Aroniden oder Jerusalemer Zadokiten, die sich auf Aron zurückführten (I Chr 5 30-34 6 35-38)[48], gemeint sind, ist nicht leicht zu entscheiden, zumal die Entstehungszeit dieses Verses unbekannt ist[49]. Durch die Verbreitung des »mosaischen« Jahwekultes trugen die Leviten dazu bei, daß immer mehr Sippen und Stämme, vor allem im südlichen Westjordanland, zum Volk Jahwes wurden. Sie pflegten wohl auch Mose-Überlieferungen.

---

[46] So H. H. Rowley, From Joseph to Joshua, 1950, 159 f. H. H. Rowley nimmt ein Konnubium zwischen Leviten und jahwegläubigen Kenitern an.

[47] Gemeint ist das durch einen $b^er\hat{\imath}t$-Akt verpflichtende Wort (= Gebot) Jahwes.

[48] Siehe dazu K. Möhlenbrink, Die levitischen Überlieferungen des Alten Testaments, ZAW 52 (1934), 204 f.

[49] Siehe die vorsichtigen Erwägungen H.-J. Zobels a. a. O. 67 ff., der in den Leviten etwas »Stammähnliches«, eine »Berufsgenossenschaft« oder »Zunft« sieht. Durch den Anschluß der Leviten galt schließlich Mose als der Mittler der Thora (Dtn 33 4).

VIII. Moses Konflikt mit Dathan und Abiram

Abgesehen von den allgemeinen »Murrgeschichten«[1], in denen sich das Volk gegen den charismatischen Führer auflehnt, werden Mirjam und Aron als direkte (Num 12), Nadab und Abihu als indirekte (Lev 10) Widersacher Moses erwähnt. In dem komplexen Kap. Num 16 wird Mose sowohl von einzelnen als auch von der Gruppe der 250 angegriffen.

S. Lehming[2] hat sich vor allem in Auseinandersetzung mit J. Liver[3] um die Herausarbeitung der verschiedenen Überlieferungsschichten in Num 16 bemüht. Überraschend ist, daß er »Dathan und Abiram« einer jüngeren Wucherung im Rahmen des »Themas« »Führung in der Wüste« zuschreibt[4]. Die älteste Erzählung habe die Erhebung der anonymen 250 Männer gegen Mose berichtet[5], dann seien Dathan und Abiram eingefügt worden[6], worauf neben Glossen und redaktionellen Überleitungen vier Korach-Schichten folgen; Aron komme nur in den beiden letzten vor[7].

In literarkritischer Hinsicht ist es jedoch opinio communis, daß Korach und die 250 ausschließlich in der priesterschriftlichen Schicht erwähnt werden (v. 1aα. 2a. βb. 3-7a), die durch die v. 1aβ. 8-11. 16. 17 erweitert wurde[8]. Wenn es schon zutreffen sollte, daß die 250 Männer in P altem

---

[1] Vgl. Ex 5 21 (J) 14 11 f. (JE) 15 24 (L/N) 16 2 f. (P) 17 2. 7 (J) Num 11 1-3 (L/N) 11 4-6 (J) 14 1 ff. (P) 20 2 f. 13 (P) 21 5 (J). Siehe dazu M. Noth, ÜPent, 134 ff., der S. 137 in Num 11 4-6 den alleinigen Ursprung des Motivs des Murrens sieht. Warum ist bloß *ein* Ursprung anzunehmen?

[2] Versuch zu Num 16, ZAW 74 (1962), 291–321.

[3] Korah, Dathan und Abiram, Scripta Hierosolymitana 8 (1961), 189–217.

[4] A. a. O. 300. 307 ff. im Gegensatz zu J. Liver a. a. O. 189 ff. 207 ff.

[5] V. 2b. 26? 12b. 13a. 13b? 14. 15. 28-31. 32. 33abα. 34.

[6] V. 3aαβ. 7b. 12a. 13b? 25a. 26. 27b.

[7] I: v. 1aα. 23-24. 27a. 32b; II: v. 4-7a; III: v. 16. 17. 18. 35; IV: v. 8-11. Nach G. Wanke, Die Zionstheologie der Korachiten, BZAW 97 (1966), 24 ff., erscheint Korach »im älteren Bestand von Num 16 als ein Aufrührer gegen Mose«.

[8] Siehe dazu E. Gillischewski, Die Geschichte von der Rotte Korach, AfR 3 (1926), 114–118; J. Morgenstern, A Chapter in the History of the High Priesthood, AJSL 55 (1938), 183–197. 360–377; ders., The Fire upon the Altar, 1963, 26 ff.; G. Hort, The Death of Qorah, Austr. Bibl. Rev. 7 (1959), 2–26. Nach G. Fohrer, Tradition und Interpretation im Alten Testament, ZAW 73 (1961), 14 f., bestreitet der Laie Korach das Priestertum Arons, für das sich P einsetzt. In der späteren Bearbeitung lehne sich der Levit Korach gegen die nachexilische Deklassifizierung der Leviten auf.

Überlieferungsgut entstammen, so gilt dies erst recht von der jahwistischen Dathan-Abiram-Version, die im folgenden allein besprochen werden soll[9].

Die Dathan-Abiram-Erzählung ist nicht lokalisiert. Ob das Hinabfahren der beiden samt ihren Häusern[10] in die Unterwelt durch eine bestimmte Erdspalte angezeigt wurde, ist zweifelhaft, da »sich die Erde über ihnen schloß« (v. 33b), also keine Kluft hinterließ. M. Noth schreibt deswegen mit Recht: »Nach dem vorliegenden Erzählungsbestand haftet die Überlieferung an den rätselhaften Gestalten der beiden Rubeniten und dem schauerlichen Vorgang ihres spurlosen Verschwindens«[11]. S. Lehming[12] meint jedoch, daß die beiden ursprünglich keine Rubeniten waren. Tatsächlich werden sie in v. 12 bloß als Eliabsöhne gekennzeichnet. Ihre Genealogie in v. 1 (»Söhne Eliabs, und On, Sohn Pelets, Söhne Rubens«) ist nicht in Ordnung und wird in der Regel nach Num 25 6. 8 verbessert in: »Söhne Eliabs (›der war der Sohn des Pallu‹), des Sohnes Rubens«[13]. Da in Dtn 11 6 – dieser Vers kennt noch nicht das um P erweiterte Kap. Num 16 – Dathan und Abiram Söhne Eliabs und Enkel Rubens sind, ist die rubenitische Herleitung mindestens vorpriesterschriftlich. Es könnte sein, daß auf Grund des frühen Unterganges des Stammes Ruben (vgl. Gen 49 3 f. Dtn 33 6) die beiden Opponenten Moses zu Rubeniten gemacht wurden. Jedoch ist diese Annahme ganz ungewiß. Seit C. Steuernagel[14] vertritt vor allem M. Noth[15] die Hypothese, daß der Stamm Ruben zunächst im Westjordanland seßhaft war und dann nach Osten abwanderte. H.-J. Zobel[16] widerspricht dem und schließt aus Jdc 5 15b-16, daß sich Ruben zwischen den typisch ostjordanischen »Gabelhürden« zur Viehzucht in der Zeit vor dem Deboralied, also vor dem 12. Jh., niederließ. Das schlösse eine vorhergehende Seßhaftigkeit im Westjordanland aus; vielleicht hätten sich später Reste Rubens nach dem Aufgehen dieses Stammes in Gad im Westen angesiedelt.

Diese Erwägungen über die Landnahme Rubens sind insofern von Belang, als Dathan und Abiram Mose u. a. vorwerfen, er habe sie zwar aus einem Land, das von Milch und Honig fließt, herausgeführt, aber nicht in ein ebensolches hineingebracht, und er habe ihnen keinen Erbbesitz

---

[9] H. Gressmanns (»Die Anfänge Israels«, 1922[2], 91) Aufteilung dieser Schicht in J (v. 12. 13. 15. 31. 33) und in E (v. 12? 14. 25. 26. 27b. 28. 29. 30*. 32a. 34) kann nicht überzeugen.

[10] V. 32a; sind damit Familien oder Zelte gemeint (vgl. v. 27b)? Dtn 11 6 redet von »ihren Häusern« und »ihren Zelten«.

[11] Das vierte Buch Mose, 114.

[12] A. a. O. 307; so auch Zobel a. a. O. 64.

[13] So M. Noth a. a. O. 104.

[14] Die Einwanderung der israelitischen Stämme in Kanaan, 1901, 15 ff.

[15] Israelitische Stämme zwischen Ammon und Moab, ZAW 60 (1944), 11–37; ders., ÜPent, 79 ff.

[16] A. a. O. 16 Anm. 74; 62 ff.

an Feld und Weinberg gegeben, sondern lasse sie in der Wüste sterben; die Ankläger wollten sich durch nichts blenden lassen (Num 16 13 f.). Der Vorwurf setzt voraus, daß die Landnahme entweder noch nicht erfolgt (»Wüste«!) oder das in Besitz genommene Land sehr enttäuschend gewesen war. Im zweiten Fall ist vornehmlich an zwei Gebiete zu denken: a) an den Oasenbereich von Kadesch, wo es allerdings kaum zu einer Landverteilung kam; b) an das südliche Ostjordanland, vorausgesetzt, daß sich Ruben dort zuerst ansiedelte und nicht vorher im Westjordanland seßhaft gewesen wäre. Für Kadesch spricht, daß nach dem jahwistischen Kontext vorher (Num 13 26) und unmittelbar hinterher (Num 20 14) diese Stätte erwähnt wird.

Es wäre möglich, wenn auch direkte Belege fehlen, daß Ruben von hier aus zur Landnahme im südlichen Westjordanland geschritten wäre, falls die Niederlassung im südlichen Ostjordanland nicht ursprünglich sein sollte. Für eine Lokalisierung der Erzählung im Ostjordanland, das damals hauptsächlich als Weideland geeignet war (vgl. Num 32 2 ff.), können einige Hinweise angeführt werden. Mose ließ Dathan und Abiram, die »sich unverschämt benahmen«[17], rufen. Sie aber wollten nicht »hinaufkommen« (v. 12. 14). Dieses Verbum setzt voraus, daß Mose örtlich höher stand. Auffallend ist, daß er auf den Vorwurf einer unbefriedigenden Landnahme gar nicht eingeht, sondern in v. 15b betont, er habe keinen einzigen Esel von ihnen genommen und niemanden geschädigt. Diese Verteidigung könnte sich auf die Anklage beziehen, Mose habe sich zum Herrscher aufgeworfen (v. 13b). Seine Worte erinnern an die Selbstentlastung Samuels am Ende seiner Wirksamkeit (I Sam 12 3). Diese Feststellung legt die Frage nahe, ob Dathan und Abiram ihre Anklagen vor Moses Tod erhoben haben, nachdem dieser auf den Berg Nebo »hinaufgestiegen« war. Auch das Wort des zornentbrannten Mose: »Wende dich ihrer Opfergabe nicht zu!« (v. 15a)[18] wäre in dieser Situation verständlich. Jahwe wolle auf den Opferkult dieser unverschämten rubenitischen Männer in ihrem eigenen Land nicht gnädig blicken (vgl. Gen 4 5). Dies käme geradezu einer Verfluchung gleich.

Die Angabe, daß sich Mose erhob und Dathan und Abiram, gefolgt von den Ältesten Israels, die nach dem Tod Mirjams und Arons Mose weiterhin anhingen, aufsuchte (v. 25), paßt freilich nicht recht in die Situation des vor seinem Tod auf dem Berg befindlichen Mose. Es ist aber möglich, daß das durch den v. 25 eingeleitete außergewöhnliche Ende Dathans und Abirams, die nicht eines Todes wie alle Menschen starben,

---

17 So M. Noth, Das vierte Buch Mose, 104 Anm. 1 zu v. 1.

18 Die Deutung von H. Seebass a. a. O. 62 f. Anm. 39, daß die Aufrührer bei Annahme des Opfers in v. 15a »durch den führenden Gott selbst die Führung übertragen« bekämen, ist zwar beachtenswert, aber nicht sicher.

als spektakuläre Bestrafung überlieferungsgeschichtlich sekundär ist, zumal durch dieses Strafwunder Moses Sendung legitimiert werden soll, von der bisher keine Rede war (vgl. v. 28 f.; worin bestand die Gotteslästerung v. 30?). Diese Erwägungen führen zu dem Schluß, daß die Situation der Landnahme im südlichen Ostjordanland, wo durch Mose eine $b^e r\hat{\imath}t$ vollzogen wurde (Dtn 28 69), als Hintergrund zu Num 16 besser paßt als ein Aufenthalt in Kadesch, obgleich dieser nicht gänzlich ausgeschlossen ist.

IX. Vordeuteronomische Aussagen über Mose
außerhalb des Pentateuchs

1. BELEGE AUS DEM NORDREICH

An dem Kultbild in Dan fungierte bis in die Zeit der assyrischen Gefangenschaft die Priesterschaft des Jonathan (Jdc 18 30)[1]. Ob dieser mit dem vorher erwähnten namenlosen Leviten aus Bethlehem-Juda (Jdc 17 7 ff. 18 3 ff. 15 ff.) identisch ist, ist zweifelhaft. Die Erzählung von der gewaltsamen Verpflichtung des Leviten trug wohl dazu bei, daß die danitische Priesterschaft als levitisch galt. Dies war eine Voraussetzung, Jonathan samt Nachkommenschaft über Gersom (vgl. Ex 2 22) auf Mose[2] zurückführen zu können. Mose muß demnach in danitischen Kreisen als der Ahnherr levitischen Priestertums gegolten und den ursprünglichen Ahnherrn, nämlich Levi selbst (Dtn 33 8 ff.), verdrängt haben.

Im Nordreich spielte die Auszugstradition eine große Rolle (vgl. Hos 12 10 13 4)[3]. Jahwe hatte seinen Sohn aus Ägypten gerufen (Hos 11 1b; vgl. Ex 4 22). Das goldene Kalb ist Repräsentation des Gottes, der Israel aus Ägypten heraufgeführt hat (I Reg 12 28)[4]. Gott ist das Subjekt der Befreiung. Da auch die aronitische Wüstenfestgruppe einen Exodus erlebte, ist es nicht verwunderlich, daß Mose im Zusammenhang mit dem Auszug oft nicht erwähnt wird. Hosea jedoch schreibt ihm, ohne ihn beim Namen zu nennen, eine prophetische Rolle zu: »Aber durch einen Propheten führte Jahwe Israel aus Ägypten herauf, und durch einen Propheten wurde es gehütet« (12 14). Mose, der in einem Gegensatz zu der Vätergestalt Jakob–Israel gesehen wird (12 3-7. 13)[5], war demnach Werkzeug Jahwes beim Auszug und bei der Wüstenwanderung. Hosea erkannte in ihm einen Propheten, also einen »Mann des Geistes« (9 7; vgl. Num 11 27 Jes 63 11b). Vielleicht erwähnt er deswegen seinen Namen nicht, weil

---

[1] Siehe dazu A. H. J. Gunneweg, Leviten und Priester, 1965, 20.

[2] Der masoretische Text bietet in Jdc 18 30 »Maⁿasse« mit Nun suspensum. Zweifellos ist mit den Übersetzungen G, L, V »Mose« zu lesen.

[3] Siehe dazu H. Lubsczyk, Der Auszug aus Ägypten, seine theologische Bedeutung in prophetischer und priesterlicher Überlieferung, 163.

[4] J. Wijngaards, הוציא and העלה, a twofold approach to the Exodus, VT 13 (1963), 91 ff., geht zu weit, wenn er für das zweite Verbum einen speziell in Bethel und Dan beheimateten liturgischen Charakter annimmt. Vgl. G. Fohrer, Überlieferung und Geschichte des Exodus, 1 Anm. 1.

[5] Siehe dazu E. M. Good, Hosea and the Jacob Tradition, VT 16 (1966), 137–151, besonders 151.

Mose in der dynamischen Jerusalemer Theologie besonders in Beschlag genommen worden war, wie im nächsten Unterabschnitt gezeigt wird.

Die von R. Bach[6] herausgearbeitete »Fundtradition« ist außer in Dtn 32 10 und Jer 2 2f. deutlich in Hos 9 10a greifbar: »Wie Trauben in der Wüste fand ich Israel, wie Erstlingsfrucht am Feigenbaum . . . sah ich eure Väter[7].« Nimmt man für diese eigenartige Tradition reale Vorgänge an und nicht etwa eine spätere Umbildung der Sinaitradition[8], so wäre m. E. am ehesten an die Einverleibung der aronitischen Wüstenfestgruppe in das Volk Jahwes im Bereich von Kadesch zu denken[9]. Dafür spricht, daß Jahwe vorher nicht der ausschließliche Gott dieser Gruppe gewesen war. Die »Fundtradition« steht weder im Einklang mit dem Auszug der Wüstenfestgruppe noch mit dem mosaischen Exodus. Sie bildet somit sowohl einen Gegensatz gegen die auf das goldene Kalb bezogene als auch gegen die mosaische Exodustradition. Sie konnte sich in ihrer Eigenständigkeit nicht behaupten, da der Gesamtexodus als von Jahwe gewirkt galt. So heißt es schließlich ausgleichend, daß Gott sein Volk »durch die Hand Moses und Arons« führte (Ps 77 21; vgl. Jos 24 5 I Sam 12 6. 8).

2. BELEGE AUS DEM SÜDREICH

Die Keniter, die in verwandtschaftlicher Beziehung zu Mose standen, nahmen mit Judäern an der Landnahme aus dem Süden teil (Jdc 1 16; vgl. 4 11)[10]. Gemäß I Sam 30 29 gehörten sie zu Juda[11]. Nach der vielleicht deuteronomistischen Notiz Jdc 1 20 gaben die Judäer Hebron dem Kaleb[12] »wie Mose gesagt hatte«, womit vielleicht auf Dtn 1 36 (vgl. Jos 14 9) angespielt wird. Mose galt demnach als der zuständige Landverteiler. Diese Rolle kam ihm höchstens im südlichen Ostjordanland zu. Nirgends wird jedoch behauptet, Mose habe an der Landnahme aus dem Süden ins Westjordanland teilgenommen.

Es mag ein Zufall sein, daß in den vordeuteronomischen Belegen außerhalb des Pentateuchs Moses Beteiligung am Exodus und an der Wüstenwanderung nicht erwähnt wird. Eine Ausnahme würde Mi 6 4

---

[6] Die Erwählung Israels in der Wüste. Diss. Bonn 1952; siehe ThLZ 78 (1953), 687. Vgl. H. Gese, Bemerkungen zur Sinaitradition, ZAW 79 (1967), 146 ff.

[7] Siehe dazu H. W. Wolff, Hosea, 1961, 212.

[8] So H. Gese a. a. O. 146 ff.; siehe ders., ThLZ 92 (1967), 246.

[9] Trauben und Feigen wären im dortigen Oasenbereich nichts Außergewöhnliches.

[10] Mit der Palmenstadt in Jdc 1 16 ist nicht Jericho, sondern Thamar südlich von Arad gemeint; vgl. H. W. Hertzberg, Die Bücher Josua, Richter, Ruth, (1953), 151.

[11] Anders I Sam 27 10.

[12] Zu Kaleb siehe R. North, Caleb, Bibbia e Oriente 8 (1966), 167–171, und W. Beltz, Die Kaleb-Traditionen oder Ein Beitrag zur theoretischen Diskussion in der Religionswissenschaft, 1966.

machen (»denn ich habe dich aus Ägyptenland heraufgeführt, und aus dem Sklavenhaus habe ich dich erlöst; und ich sandte vor dir her Mose, Aron und Mirjam«), wenn nicht nachexilischer Ursprung anzunehmen wäre[13]. Die eherne Schlange in Jerusalem, die wahrscheinlich im Tempelbezirk stand, war ursprünglich wohl ein kanaanäisches Kultobjekt[14]. Mose muß als Kultgründer gegolten haben, sonst hätte ihre Anfertigung nicht auf ihn zurückgeführt werden können. Trotzdem vernichtete König Hiskia diesen sakralen Gegenstand, da die Israeliten dem »Nechuschtan« Rauchopfer darbrachten (II Reg 18 4). Die Forderung nach Kultreinheit wog schwerer als die behauptete mosaische Herkunft. M. Noth[15] bemerkt mit Recht, daß Num 21 4-9 diese Maßnahme Hiskias noch nicht voraussetzt.

In Ps 99 6[16] erscheint Mose vor Aron und Samuel als Priester, der den Jahwenamen im Kult anrief. Jahwe antwortete ihnen – Samuel ist wohl nicht einbegriffen – in der Wolkensäule der Sinaitradition, aus der heraus er ihnen, die seine Zeugnisse hielten, Satzung erteilte (v. 7). Bemerkenswert ist der Zusammenhang von Theophanie und Gesetzgebung. Auffallend ist weiter, daß hier Aron nicht so stark wie etwa in Num 12 (vgl. Ex 34 29 ff.) in den Hintergrund gedrängt wird. Vielleicht hängt das damit zusammen, daß sich die Zadokiten in Jerusalem auf Grund des Gegensatzes zu den Leviten bereits auf Aron zurückführten (vgl. I Chr 5 30 6 35 ff.). In Jer 15 1 gelten Mose und Samuel als paradigmatische Fürbitter[17]. Eine Fürbitte Arons ist in den alten Pentateuch-

---

[13] O. Eissfeldt, Einleitung in das Alte Testament, 1964³, 555 hält die ganze Gerichtsrede Mi 6 1-8 für echt; E. Sellin – G. Fohrer, Einleitung in das Alte Testament, 1965¹⁰, 490, setzt sie im 5. Jh. an. M. E. paßt der Begründungssatz v. 4, dessen erste Hälfte an deuteronomistischen Sprachgebrauch erinnert (vgl. Ex 20 2), nicht in den Zusammenhang. Ein frühexilischer Beleg über Mose findet sich in dem Volksklagelied Jes 63 7-64 11. Wenn 63 11b emendiert werden darf in »wo ist der, der heraufführte aus dem Meer den Hirten seiner Schafe? Wo ist der, der in ihn legte seinen heiligen Geist?«, so läge in v. 11bα eine Anspielung auf die Errettung des Mosekindes vor; »Meer« ist in Nah 3 8 Bezeichnung für den Nil. Num 11 27 setzt die Geistesbegabung voraus. Die Spaltung der Wasser (v. 12b-13) erinnert an die elohistische Version in Ex 14.

[14] Siehe H. H. Rowley, Zadok and Nehushtan, JBL 58 (1939), 113 ff. Die eherne Schlange erinnert an den Äskulapstab. Das Wort »ich bin Jahwe, dein Arzt« in Ex 15 26 steht wohl in Antithese zu einem anderen Heilgott. Sollte die eherne Schlange an dem »Gottesstab« (Ex 17 9 Num 21 8 f.) befestigt worden sein, der vor Jahwe lag (Num 20 8), so würde sie aus der Wüstenzeit stammen (so J. Maier brieflich).

[15] Das vierte Buch Mose, 1966, 137.

[16] Siehe oben Kap. V Anm. 25.

[17] W. L. Holladay, The Background of Jeremiah's Self-Understanding, JBL 83 (1964), 153–164, hat nachgewiesen, daß Mose und Samuel im Selbstbewußtsein Jeremias eine dominierende Rolle spielen.

schichten nicht erwähnt. J. R. Porters[18] Meinung, Mose werde mit den Kategorien des davidischen Monarchen gezeichnet, ist stark übertrieben. Wahrscheinlich ist, daß seine Gestalt aus levitischer Überlieferung wegen ihrer umfassenden Bedeutung in der Jerusalemer Hoftheologie zur Begründung universaler Ansprüche besonders hervorgehoben wurde. Die schriftlich fixierte Thora Gottes (Hos 4 6 8 12), die, aus Rechtssatzungen bestehend, von den Leviten gelehrt wurde (Dtn 33 10a), entwickelte sich infolge der Gleichsetzung Moses mit dem Stammvater Levi zur Thora Moses, die in der deuteronomischen und dann in der nachexilischen Zeit konstitutiv war (vgl. Dtn 33 4 Jos 8 31 23 6 I Reg 2 3 II Reg 14 6 23 25 Esr 2 2 7 6 Neh 8 1 Dan 9 13 Mal 3 22). Vielleicht stellte das Mosebild auch einen Spiegel für den davidischen König dar[19].

Zusammenfassend ist festzustellen, daß Mose – ohne Namensnennung – in Hos 12 als Prophet bezeichnet wird (vgl. Jer 15 1), im übrigen sowohl im Nordreich als auch im Südreich als Priester galt. Nur für Jerusalem ist die sinaitische Wolkensäule bezeugt und im Zusammenhang damit die Gesetzgebung (Ps 99), deren Mittler Mose ist (Dtn 33 4). Die Vorstellung von Mose als dem Landverteiler ist vermutlich ostjordanisch-deuteronomistischen Ursprungs.

---

[18] J. R. Porter, Moses and Monarchy, A Study in the Biblical Traditions of Moses, 1963. Ansätze zur Auffassung von Mose im Rahmen der Kingship-Ideology finden sich bei I. Engnell, Gamla Testamentet, I 1945, 134; ders. Studies in Divine Kingship in the Ancient Near East, 1943, 174 f.; G. Widengren, Sakrales Königtum im Alten Testament und im Judentum, 1955, 15 ff. A. Bentzen, Messias – Moses redivivus – Menschensohn, 1948, 16, kritisiert das kingship pattern als eine Abstraktion.

[19] So J. Maier brieflich.

X. Ostjordanische Moseüberlieferungen im Dtn

Wenn hier auch nicht auf die Fragen der Entstehung des Deuteronomiums eingegangen werden kann[1], so soll doch zwischen a) dem Korpus mit Einleitung in 4 44–30 20 und b) dem Rahmen 1 1–4 43 31 ff. unterschieden werden.

a) Mose ist Thoralehrer und Mittler der *berît* am Horeb und im Lande Moab (28 69)[2]. Letztere bestand wohl darin, daß Mose ansässige Israeliten auf die Worte Jahwes verpflichtete und damit in das Volk Jahwes eingliederte[3]. Mose ist Prophet (18 18-20)[4]. Er wirkte als Lehrer und Prediger »jenseits des Jordans im Tal gegenüber von Beth Peor« (4 46), wo er auch starb (34 6). Da Beth Peor im Gebiet Rubens lag (Jos 13 15)[5], stehen sicherlich ostjordanische Überlieferungen der Stämme

---

[1] Siehe neben den Einleitungen auch N. Lohfink, Darstellungskunst und Thelogie in Dtn 1 6–3 29, Bibl 41 (1960), 105–134; ders., Wie stellt sich das Problem Individuum – Gemeinschaft in Dtn 1 6–3 29?, Schol 35 (1960), 403–407. Die neueste umfassende Untersuchung bietet J. G. Plöger, Literarkritische, formgeschichtliche und stilkritische Untersuchungen zum Deuteronomium, 1967; siehe zum Stand der Forschung 1–5.

[2] In Dtn 5 2 wird betont, daß Jahwe selbst am Horeb »eine *berît* schnitt«. H. Gese a. a. O. 149 ff. macht darauf aufmerksam, daß in dem ursprünglichen Dtn, zu dem die singularische Umrahmung (*6 4–9 6 *10 12–11 1 *27 1–28 68) gehöre, »der Moabbundesschluß, speziell Dtn 26 16 ff., sich mit keinem Wort als Wiederholung oder Erneuerung des Horebbundesschlusses gibt« (150). Dagegen erwähne die sekundäre Überarbeitung aus der Zeit nach 587 wiederholt den Horeb (Kap. 5 4 10. 15 9 8); »Der Moabbundesschluß wird ausdrücklich als eine Wiederholung des Horebbundesschlusses erklärt (28 69)« (152). M. E. ist zu fragen, ob *berît* im allgemeinen nicht zu föderaltheologisch verstanden wird. Das Gesamtdeuteronomium spricht, abgesehen von der *berît* im Sinne einer Verheißung an die Erzväter (Selbstverpflichtung Gottes, Zusicherung), von einer *berît* im Sinne einer Fremdverpflichtung am Horeb und im Lande Moab, wobei die Verpflichtungen am Sinai und am Gottesberg zusammengesehen werden. Diese Zusammenschau und die Einbeziehung der *berît* im Lande Moab waren möglich, weil der Kern der Verpflichtung, das Verbot des Fremdkultes und des Kultbildes, jeweils derselbe war. Die verschiedenen Orte der Verpflichtungen lassen m. E. auf historische Vorgänge schließen. J. G. Plöger a. a. O. 120 macht über die *berît* im Lande Moab nur vage Aussagen.

[3] Die *berît* in Ex 34 1-28 stellt hierzu eine Jerusalemer (literarische) Parallele dar (siehe oben 58 f.).

[4] H. J. Kraus, Gottesdienst in Israel, 1962, 128 ff., schließt auf Grund dieser Stelle auf ein mosaisches Mittleramt, das aber nicht greifbar ist.

[5] M. Noth, Israelitische Stämme zwischen Ammon und Moab, ZAW 60 (1944), 11–57, nimmt gaditisches Gebiet an, da Ruben erst später aus dem Westjordanland ein-

Ruben und Gad dahinter. Die Betonung sichemitischer Traditionen (Dtn 27; vgl. Jos 24) ist nicht verwunderlich, lag doch Sichem im Siedlungsgebiet der Josephsöhne Ephraim (Gen 48 22 Jos 24 32 I Reg 12 25 I Chr 6 25 7 28) und Manasse (Num 26 31 Jos 17 2), wobei sich der letztere Stamm als »Halbmanasse« ins Ostjordanland erstreckte. Ein Austausch ostjordanischer und sichemitischer Traditionen ist anzunehmen. So übermittelte der Eleasarsohn Pinehas, der Gibea auf dem Gebirge Ephraim besaß (Jos 24 33), die Anfrage wegen des Altarbaues am Jordan an die Stämme Ruben, Gad und Halbmanasse (Jos 22 13 ff.), die anscheinend weitgehend ein Eigenleben führten. Die Rubeniten Dathan und Abiram werden in Dtn 11 6 erwähnt. Das Gemeindegesetz in Dtn 23 ist ostjordanischen Ursprungs[6]. Die Aussage, daß Mose die Amoriterkönige Sihon und Og besiegte – Og wird in Num nur in dem deuteronomistischen Zusatz 21 33-35 erwähnt – und ihre Gebiete eroberte, hat die Absicht, den Nachbarn Ammon und Moab nicht zu nahe zu treten (vgl. Jdc 11 11b-29). Die Rezeption ostjordanischer Traditionen in Jerusalem untermauerte einerseits den umfassenden Anspruch des Südreiches, andererseits trug sie zur Feindschaft mit den ostjordanischen Völkern bei.

b) In der sekundären Einleitung 1 1–3 29 (4 1-43) ist bedeutsam, daß Mose, der Sihon und Og geschlagen und deren Gebiete den Stämmen Ruben, Gad und Halbmanasse zugewiesen (2 24 ff. 3 1 ff.), aber die Lotsöhne Ammon und Moab verschont hatte, im moabitischen Gebiet östlich von Madeba – also nicht »im Tal gegenüber von Beth Peor« (4 46) – predigte (1 1)[7]. Dieser Standort legt nahe, daß das moabitische Siedlungsgebiet tatsächlich durch einen Zug im östlichen Steppengebiet »umgangen« wurde (vgl. 1 8. 26; siehe auch Num 21 10 ff.). Erst infolge der Tradition vom unbekannten Grab »im Tal (im Lande Moab), gegenüber von Beth Peor« im Gebiet des Nebo wurde die Predigtstätte Moses in 4 46 dorthin verlegt[8], wobei der Berg eine Aussicht auf das den Vätern verheißene Land gewährte (34 4).

Chr. Barth[9] hat besonders darauf hingewiesen, daß im Gegensatz zu Dtn 4 44–30 20 im sekundären Rahmen der Generationenwechsel und die Nachfolge Moses durch Josua eine besondere Rolle spielen. Überliefe-

---

gewandert sei. Der Ort Beth (Baal) Peor ist identisch mit der *chirbet 'ajūn mūsa* (vgl. O. Henke, Zur Lage von Beth Peor, ZDPV 75 [1959], 160 ff.).

[6] Siehe K. Galling, Das Gemeindegesetz Dtn 23, in: Bertholet-Festschrift, 1950, 176 ff.

[7] Siehe dazu G. v. Rad, Das fünfte Buch Mose, 26; »in der Araba« ist ein Zusatz um den Standort mit 3 29 34 6 auszugleichen.

[8] Anscheinend war man schon in deuteronomischer Zeit der Meinung, daß die Grabstätte den »Sitz im Leben« markiere.

[9] Mose, Knecht Gottes, in: Parrhesia (K. Barth zum 80. Geburtstag) 1966, 68–81, besonders 80 f. Die deuteronomische Sukzession Mose–Josua (Dtn 31 14-15. 23) wurde von P übernommen (Num 27 12 ff. Dtn 32 48 ff. 34 7-9).

rungsgeschichtlich gesehen bedeutet dies, daß wohl im Ostjordanland der Ephraimit Josua (Jos 24 28ff.) zum Nachfolger Moses erklärt wurde[10]. Es erhebt sich die Frage, ob Mose in der Überlieferung ins Ostjordanland wanderte, um sozusagen den Anschluß an Josua zu finden, oder ob Josua an Mose herangerückt wurde. Gegen die erste Annahme spricht entschieden, daß Dtn 34 1.2-6 jahwistisch, also vordeuteronomisch ist[11]. Außerdem gibt es keine alte Überlieferung, wonach Josua von Moses Grabstätte aus ins Westjordanland gezogen wäre. Die Erzählung Jos 17 14-18, »in der die Gestalt Josuas vielleicht überlieferungsgeschichtlich ursprünglich ist«[12], kennt erst in der sekundären Variante (v. 14 f.) eine Gebietsanweisung durch Josua im Ostjordanland. Es ist infolgedessen anzunehmen, daß überlieferungsgeschichtlich Josua an den ostjordanischen Mose herangerückt wurde und dadurch an Bedeutung gewann. Damit wird indirekt die Grabtradition in Dtn 34 6 als zuverlässig bestätigt. Die schwache Bezeugung eines Aufenthaltes Moses im Ostjordanland (Num 21 16b 32 25 1 ff. 32) außerhalb des Deuteronomiums berechtigt nicht zu dem Schluß, Mose sei überhaupt nie dort gewesen[13]. Die Frage, warum Mose von Kadesch aus ins südliche Ostjordanland zog, ist nicht mit Sicherheit zu beantworten. Tatsächlich dürfte die Landnahme im Westjordanland aus dem Süden zu schwierig oder unmöglich gewesen sein. E. Auerbach[14] vermutet in Anlehnung an H. Gressmann[15], daß Mose die Amoriterunruhen im Ostjordanland ausnützen wollte. Es ist anzunehmen, daß Mose mit dem Eindringen in das Land Moab das erstrebte Ziel einer Landnahme erreicht hat. Erst die Verbindung mit den Landverheißungen

---

[10] Ob sein Auftreten als Moses Kultdiener im heiligen Zelt damit zusammenhängt (Ex 33 7 ff. E; Num 11 28 f. E)? Wahrscheinlich ist aber die Verbindung Josuas mit dem Zelt ursprünglich. Siehe H. Schmid, Erwägungen zur Gestalt Josuas in Überlieferung und Geschichte, Judaica 24 (1968), 44–57.

[11] Nach M. Noth, ÜPent, 188 f., ist Dtn 34 1-6 deuteronomistisch, v. 6a enthalte aber eine ältere Tradition. Nicht überzeugend ist G. Hölschers (Die Anfänge der hebräischen Geschichtsschreibung, 1941/42, 69) Ansicht, »Mose selber wird auf dem Zug ins Ostjordanland eigentlich nur mitgeführt, um auf dem Nebo im Anblick des Landes zu sterben ...«. Ähnlich C. A. Simpson a. a. O. 563 f.

[12] M. Noth, Das Buch Josua, 1938, 78 f., im Anschluß an A. Alt, ZAW 66 (1936), 25 ff.

[13] Ähnlich E. Osswald, Artikel »Moses«, RGG³ IV 1960, 1154.

[14] Moses, 1953, 183 ff.

[15] Mose und seine Zeit, 1913, 424. A. H. van Zyl, The Moabites, 1960, 113 ff., für den der ostjordanische Aufenthalt Moses im ganzen nicht problematisch ist, rechnet mit einem Einvernehmen Moses mit den Moabitern, das den Sieg über Sihon ermöglichte; danach sei es zu einem israelitisch-moabitischen »cold war« gekommen. M. E. war das »Einvernehmen« am ehesten möglich, wenn sich die Moseschar hauptsächlich im östlichen Steppenbereich von Moab aufhielt, wie vor allem Dtn 1 1 nahelegt.

an die (westjordanischen) Patriarchen und mit Josua erweckt den Eindruck, als sei Mose an der Schwelle des gelobten Landes verstorben (Dtn 34 1-6).

Zum Schluß soll noch die Frage erwogen werden, welche Kreise hinter den ostjordanischen Überlieferungen im Dtn stehen. Ganz gewiß waren es keine Aroniden, da Aron im großen und ganzen im Dtn negiert wird. Lediglich seine Verfehlung und sein Begräbnis werden berichtet (9 20 10 6; 32 50 ist priesterschriftlich). Kommen ostjordanische Leviten in Frage? H. W. Wolff[16] führt das Dtn auf eine levitisch-prophetische Bewegung zurück. Diese Hypothese ist umstritten[17]. Mose wird im Dtn nicht als Levit bezeichnet. Er segnete jedoch die Leviten ganz besonders (33 8-11). Bedenkt man, daß Mose im Dtn ausgesprochen »predigt«[18] und im Memoirenstil erzählt[19], so setzt das eine gewisse Übung und wohl eine umfangreichere Predigt- und Memoirenliteratur voraus, die am besten doch auf Leviten zurückzuführen ist. Es wäre denkbar, daß in der Zeit der assyrischen Bedrohung Leviten im Ostjordanland, an die Überlieferungen von der b^erît im Lande Moab anknüpfend, zur Entstehung des Deuteronomiums beitrugen, das in Jerusalem überarbeitet und promulgiert wurde[20].

---

[16] Hoseas geistige Heimat, ThLZ 81 (1956), 83–94 = Gesammelte Studien zum AT, 1964, 232–250.

[17] Siehe R. Rendtorff, Erwägungen zur Frühgeschichte des Prophetentums in Israel, ZThK 59 (1962), 150 ff., und W. Rudolph, Hosea, 1966, 23.

[18] G. v. Rad, Das fünfte Buch Mose, 13 ff.

[19] G. v. Rad a. a. O. 14.

[20] Beachtlich ist M. Weinfelds Hypothese, das Dtn gehe auf Jerusalemer Hofschreiber zurück (»Der Ursprung des Deuteronomiums und der deuteronomistischen Schule« [hebr.], Bet Miqra [1965/66], 42–51; ders., The Source of the Idea of Reward in Deuteronomy, Tarbiz 30 [1960/61], 8–15; ders., The Origin of Humanism in Deuteronomy, JBL 80[1961], 241–247; ders., Betrachtungen zur deuteronomistischen Literatur, 1964); Deuteronomy – the Present State of Inquiry, JBL 86 (1967), 249–262. Aufschlußreich wäre zu wissen, wie sich die Leviten zu David und seiner Dynastie verhalten haben. J. Maier (brieflich) erwägt, ob levitische Hofschreiber das Dtn verfaßten.

Zusammenfassung

Die Gefahr einer Zusammenfassung ist, daß um der Geschlossenheit willen ein harmonisierendes Gesamtbild gezeichnet und damit über Mose mehr gesagt wird, als auf Grund der Gattungen und der Quantität der biblischen Überlieferungen möglich ist. Beachtenswert ist G. Hölschers[1] Vorwurf gegenüber H. Gressmann[2], daß eine rationalistische Auslegung von Sagen nur zu einem historischen Roman führen könne[3]. E. Meyer, dessen These, Mose sei keine geschichtliche »Persönlichkeit«, sondern als Ahnherr der Priester von Kadesch eine mit dem Kultus in Beziehung stehende Gestalt der genealogischen Sage, nicht akzeptabel ist, fällte das scharfe Urteil: »Es hat denn auch ... noch niemand von denen, die ihn (= Mose) als eine geschichtliche Gestalt behandeln, ihn mit irgendwelchem Inhalt zu füllen, ihn als eine konkrete Individualität darzustellen oder etwas anzugeben gewußt, was er geschaffen hätte oder was sein geschichtliches Werk gewesen wäre[4].« Wenn es auch in Anbetracht der komplexen Problematik sachgemäßer ist, zu wenig als zu viel zu sagen, so gilt E. Meyers Urteil in bezug auf die Ergebnisse einer Reihe von Forschungen[5] seit M. Noth, ÜPent, nicht mehr in seiner Radikalität.

Die Ergebnisse der vorliegenden Untersuchung sollen unter drei Überschriften vereinfacht dargestellt werden.

1. DER WEG MOSES

Wenn auch Moses Herkunft aus Ägypten und seine Beteiligung bei der Errettung am Meer historisch nicht recht greifbar sind[6], so ist doch

---

[1] Geschichte der israelitischen und jüdischen Religion, 1922, 68 Anm. 9.

[2] Mose und seine Zeit, 1913.

[3] P. Volz, Mose und sein Werk, 1932², bemüht sich nicht, eine »Geschichte« Moses zu schreiben. Bei M. Buber, Moses, 1952², sind Tendenzen ins Romanhafte unverkennbar, während E. Auerbach, Mose, 1953, durch die Literarkritik und die Beachtung der Gattungen (Unterscheidung von Orts- und Geschichtssagen!) dagegen gefeit ist. C. A. Simpson, The Early Traditions of Israel, 1948, arbeitet hauptsächlich literarkritisch, stellt aber einen Teil seiner Ergebnisse durch allzu gewagte Hypothesen selbst in Frage. Zur neueren Forschung siehe C. A. Keller, Von Stand und Aufgabe der Moseforschung, ThZ 13 (1957), 430 ff.

[4] Die Israeliten und ihre Nachbarstämme, 1906, 451 Anm. 1.

[5] Siehe H. Schmid, Der Stand der Moseforschung, Judaica 21 (1965), 194 ff.

[6] Siehe H. Gese, Bemerkungen zur Sinaitradition, ZAW 79 (1967), 143.

auf Grund seines ägyptischen Namens[7] und des Verlaufs seiner Wirksamkeit anzunehmen, daß er die Flucht aus Ägypten anregte. Die eigenartige Wanderung zum vulkanischen Sinai in Nordwestarabien, mit dem Jahwe fest verbunden ist, setzt voraus, daß er vorher kultische Beziehungen zu den dort lebenden Midianitern hatte. Da die direkte Verbindung dorthin über die traditionelle Sinaihalbinsel durch den Golf von Akaba unterbrochen ist, wurde das Meerwunder, das sich am Sirbonischen See oder sonstwo im östlichen Nildeltabereich ereignet hatte, auf das »Schilfmeer« (= Golf von Akaba) mit der Vorstellung von der Spaltung der Wasser, dem Hindurchzug der Israeliten und dem Untergang der Ägypter übertragen.

Eigenartig ist nach dem Verlassen des nordwestarabischen Gebiets die Route von Ezeon Geber nach Kadesch. Zu diesem »Abstecher« könnte beigetragen haben, daß Mose aus einem nach Ägypten abgewanderten levitischen Hause stammte und infolgedessen zum damaligen Zentrum der Leviten, eben nach Kadesch, zog. Außerdem hielt sich im Bereich von Kadesch die aus Ägypten entlassene Wüstenfestgruppe auf, die mit dem Leviten Aron und mit Mirjam in Verbindung getreten war. Nicht sicher beantwortbar ist die Frage, wann die Wüstenfestgruppe aus ägyptischen Diensten entlassen worden war. War es kurz vor dem mosaischen Exodus, dann fragt es sich, warum sich die spätere Moseschar nicht gleich der ersten Gruppe anschloß. Es könnte freilich sein, daß die beiden Gruppen örtlich voneinander getrennt lebten. Es gibt – allerdings uneinheitliche – Hinweise darauf, daß die Angehörigen der Wüstenfestgruppe mit Ägyptern zusammenlebten (vgl. Ex 3 21 f.), während die Moseleute von diesen isoliert wohnten (vgl. Ex 2 11 ff.). Dann wäre es nicht notwendig, daß die Entlassung und die Flucht der beiden Gruppen zeitlich lange auseinanderlagen. Möglich ist, daß z. B. Leviten in Ägypten Beziehungen zu ihren Sippenverwandten in Kadesch pflegten.

Von Kadesch zog Mose nach Punon, in östlicher Richtung jenseits der Araba gelegen, und von dort im östlichen Steppenbereich der moabitischen Hochfläche nach Norden[8]. Sein Grab – ein vermutlich am Fuß eines Berges gelegenes Höhlengrab oder spätbronzezeitliches Schachtgrab[9]

---

[7] Siehe dazu R. Smend, Jahwekrieg und Stämmebund, 1963, 89 f. R. Smend schreibt S. 90: »... wenn die Überlieferung gerade von einem ägyptischen Namensträger (gemeint ist: »Träger eines ägyptischen Namens«) eine Verbindung mit Ägypten behauptet, dann ist das eine Koinzidenz, die man nicht leichthin beiseite schieben kann.«

[8] Siehe dazu die Karte in A. H. van Zyl, The Moabites, 1960, 241.

[9] Siehe H. Schmid, Artikel »Begräbnis II. In Palästina«, RGG³ I 1957, 961 f. Die genaue Stätte geriet wohl wegen der moabitischen Expansion (vgl. Jdc 3 11ff.) in Vergessenheit. Oder wurde sie wegen der Totenverehrung im Rahmen des Baal Peor-Kultes unkenntlich gemacht (vgl. Ps 106 28)?

– ist in einem Tal gegenüber Beth Peor zu suchen. Mose hatte seine Schar zur Seßhaftigkeit in ein Kulturland gebracht, das allerdings nicht den Vätern verheißen worden war. Gerade dieser Tatbestand spricht für die Historizität des Eindringens der Moseschar ins Land Moab. Durch den Bezug auf die Landverheißung an die Erzväter und durch die folgende »Landnahme« unter Josua scheint Mose vor dem eigentlichen Ziel, eben dem gelobten Land westlich des Jordan, gestorben zu sein.

2. DAS WERK MOSES

Mose hat vermutlich im Namen Jahwes, der ihm im midianitischen Bereich am Sinai in Nordwestarabien erschienen war[10], zur Flucht aus Ägypten aufgerufen. Durch die Vernichtung der Ägypter im Meer wurden sowohl Jahwe als auch Mose legitimiert. Das Meerwunder manifestierte die Einzigartigkeit des geschichtsmächtigen Jahwe; die (vulkanische) Sinaitheophanie schloß das Gottesbild aus. Einzigartigkeit und Bildlosigkeit Jahwes sind Voraussetzungen für den Monotheismus. Die hauptsächlich kultischen Vorgänge am Sinai sind im einzelnen nicht mehr greifbar. Mose erscheint als Interpret der *qôl* Jahwes bei der Theophanie[11]. Anzunehmen ist, daß dort die Moseschar, vielleicht durch eine *berît* (= Verpflichtung), als Volk Jahwes konstituiert wurde. Die Erfahrung der Errettung am Meer durch Jahwe und die Bildlosigkeit seiner Verehrung unterschieden die Moseschar von der Wüstenfestgruppe. Das Hauptwerk Moses nach den Sinaiereignissen war die Durchsetzung des Jahwekultes am Gottesberg bei Kadesch und im Lande Moab.

Im Bereich von Kadesch, wo Mose mit der sippenmäßig verwandten Wüstenfestgruppe, deren Ältesten und deren kultischen Repräsentanten Aron, Mirjam und den Leviten zusammentraf, gab es theoretisch gesehen zwei Möglichkeiten: Entweder ging die Moseschar in der wohl zahlenmäßig stärkeren Wüstenfestgruppe auf oder diese in dem Volk Jahwes, das vom Sinai kam. Letzteres trat ein, nachdem Mose das aronitische Kultbild zerstört hatte und die Leviten zu ihm konvertierten, vermutlich mit Aron. Die Konflikte Moses mit Aron und Mirjam lassen erkennen, daß nicht alle Schwierigkeiten behoben waren. Auffallend ist das Zurücktreten der Midianiter. Die Wüstenfestgruppe ging ganz oder

---

10 Die sogenannte »Midianschicht« (Ex 211–4 20 [21–31] 18; siehe A. H. J. Gunneweg, Mose in Midian, ZThK 61 [1964], 1 ff.) darf nicht mit H. Gese a. a. O. 140. 143 »subtrahiert« werden. Die Flucht des Volkes aus Ägypten, die an und für sich nichts Außergewöhnliches war (vgl. Ex 2 15), gewann gerade dadurch an entscheidender Bedeutung, daß sie im Namen des »fremden« Gottes Jahwe, der Mose in Midian erschienen war, gewagt wurde. Anders H. Gese a. a. O. 140 f.

11 H. Gese a. a. O. 143 f. betont mit Recht die große Rolle, die Mose am Sinai spielte. H. Gese unterscheidet allerdings nicht zwischen Sinai und Gottesberg.

teilweise im Volk Jahwes auf, wobei Mose als Mittler einer *berît* fungierte (Ex 24 3-8) und soziologisch konstitutive »Worte« (= Prohibitive) kundtat, die nicht nur die beiden ersten Gebote des Dekalogs umfaßten, sondern auch Weisungen des Sippenethos enthielten, da es auch auf ein Tun ankam (Ex 24 8)[12]. Eine erste Verschmelzung von Vätergöttern mit Jahwe, die durch ihn singularisiert wurden, ist für den Bereich von Kadesch wahrscheinlich, da die Wüstenfestgruppe wohl derartige Gottheiten verehrte und sich dort Abraham- und Isaaksippen aufhielten[13].

Moses Zug ins südliche Ostjordanland, an dem wohl nicht alle Leviten teilnahmen[14], hat einen Grund darin, daß die Landnahme im Süden des Westjordanlandes mißlang. Die Gruppe, die ins Ostjordanland zog, war vermutlich kleiner als die vereinigte Wüstenfest- und Mosegruppe. Der gemeinsame Kult und die dabei kommunizierten Glaubenserfahrungen trugen zur Bildung eines israelitischen Gemeinbewußtseins bei[15]. Bemerkenswert ist, daß Mose schließlich in einen Raum zog, der sozusagen frei von bekannten Vätergestalten und Vätergöttern war. Keiner der Erzväter hatte sich im südlichen Ostjordanland aufgehalten, das den Lotsöhnen Ammon und Moab gehörte, die mit Abraham entfernt verwandt waren. Die *berît* im Lande Moab bestand darin, daß Mose ansässige Israeliten auf Jahwe und seine Worte verpflichtete (Dtn 28 69).

Auffallend ist in der Wirksamkeit Moses, daß er sich keiner Gruppe, auch nicht den Leviten, verschrieben hatte. Dieser Umstand, wie auch die Intensität und Extensität seines Wirkens ermöglichten es, daß er von

---

12 Anders E. Gerstenberger, Wesen und Herkunft des »apodiktischen Rechts«, 1965, 89 ff., der keine Verbindung von Prohibitiven, die das zwischenmenschliche Verhalten regeln, mit dem »Bundesschlußakt« nachweisen kann.

13 Zur Isaaksippe und ihrer Verbindung mit Ägypten siehe A. Jepsen, Zur Überlieferungsgeschichte der Vätergestalten, WZ der Karl-Marx-Universität, Ges. und Sprachw. Reihe 3 (1954), 265 ff., und H. Seebass, Der Erzvater Israel, 1966, 40 f. 82 ff. Da die Mosegruppe in Beziehung zu den Midianitern stand und deren Stammvater ein Abraham- und Keturasohn war (Gen 25 2), wurde in der Mosezeit vielleicht zuerst der Gott Abrahams mit Jahwe gleichgesetzt. Dadurch nahm er in der Reihe der Patriarchen die erste Stelle vor Isaak ein, der sich im Negeb aufhielt.

14 Schlossen sich Mose hauptsächlich Rubeniten, unter ihnen Dathan und Abiram, an? In den Südstämmen, und darüber hinaus, haben vor allem Leviten den Jahwekult verbreitet (vgl. Jdc 17 7 f.).

15 Siehe dazu H. Gunkel, Artikel »Mose«, RGG² IV 1930, 234. Nach E. Auerbach a. a. O. 208 haben die Stämme Levi, Kain, Kaleb, Rekab, Jerachmeel, Juda, Simeon, Sebulon, Dan, Naphtali, Ephraim und Manasse in Kadesch eine Koalition geschlossen. G. Fohrer, Altes Testament – »Amphiktyonie« und »Bund«?, ThLZ 91 (1966), 813 f. (vgl. ders., Die Vorgeschichte Israels im Lichte neuerer Quellen, Das Wort im ev. Rel.-Unt. [1965/66] Nr. 2,2–10) vertritt die These, daß die Stämme Ruben, Simeon, Levi, Juda, Isaschar, Sebulon, Dina, Dan, Naphtali, Gad, Asser und Joseph vor der Ankunft der Moseschar im Lande seßhaft waren.

vielen, ja von ganz Israel als Gottesmann und als Knecht Jahwes anerkannt wurde. Wahrscheinlich wurde seine Gestalt durch levitische Vermittlung vor allem in Jerusalem rezipiert, um gesamtisraelitische Ansprüche zu bekräftigen.

3. DIE GESTALT MOSES

Da Mose im Laufe der Geschichte Israels allgemeine Anerkennung
fand, ist es nicht verwunderlich, daß verschiedene Kreise ihn mit verschiedenen Titeln belegten. Hosea bezeichnete ihn ohne Namensnennung
als einen Propheten (12 14). In dem vorexilischen Jerusalemer Ps 99 ist
er Priester vor Aron. In der deuteronomisch-nachdeuteronomischen Zeit
gilt er als der Mittler der Thora Jahwes[16]. Vorausgeht, daß er die $b^e r\hat{\imath}t$
am Sinai, am Horeb und im Lande Moab vollzogen hatte.

Blutvoll zeichnen ihn die alten Pentateuchquellen. Obgleich er auf
Grund von unberechtigten Vorwürfen hätte außer sich sein können, betont Num 12 3 (E?) seine unvergleichliche Sanftmut. Einerseits ist er der

---

[16] Die »Thora Moses« (Jos 8 32 I Reg 2 3 II Reg 23 25) oder die »Rolle der Thora
Moses« (Jos 8 31 23 6) begegnet als deuteronomistischer Terminus. Es handelt sich
um die Thora, die Mose, der häufig als (Jahwes) Knecht bezeichnet wird (Jos 1 1 f.
7. 13. 15 8 31. 33 9 24 11 12. 15 12 6 13 8 14 7 22 2. 4 f. I Reg 8 53. 56 II Reg 18 12 21 8;
siehe dazu Chr. Barth, Mose, Knecht Gottes, in: Parrhesia, 1966, 68–81), den
Israeliten »gebot« (Jos 1 7 8 35 II Reg 21 8). Mose legte am Horeb die Steintafeln
der $b^e r\hat{\imath}t$ in die Lade (I Reg 8 9; vgl. Dtn 10 5). Im chronistischen Geschichtswerk
ist Mose Sohn des Leviten Amram und Bruder Arons und Mirjams (I Chr 6 3;
vgl. Num 26 59). Seine Söhne sind die aus Ex 18 3 f. bekannten Gersom und Elieser
(I Chr 23 13 ff.). Mose ist Mann und Knecht Gottes (II Chr 24 9 30 16 Esr 3 2
I Chr 6 49 Neh 1 7 f. 9 14 10 29). In der Wüste verfertigte er die »Wohnung Jahwes«
oder das »Zelt der Begegnung« (I Chr 21 29 II Chr 1 3). Am Horeb legte er die
Tafeln der $b^e r\hat{\imath}t$ in die Lade (I Chr 5 10), die die Leviten trugen (I Chr 15 15). Für
das Zelt des Zeugnisses ordnete Mose in der Wüste eine Steuer an (II Chr 24 6. 9;
vgl. Ex 30 11 ff.). Moses ganze Bedeutung beruht auf der Thora, die er vermittelte.
Mit ihr ist im chronistischen Geschichtswerk höchstwahrscheinlich der Pentateuch gemeint, den Esra 458 als das vom persischen Hof genehmigte »Gesetz des Himmels-
gottes« aus der babylonischen Golah nach Jerusalem brachte (Esr 7 12). Dieses
Gesetz wird als »Rolle Moses« (Esr 6 8 u. ö.), als »Thora Moses« (Esr 3 2) und als
»Rolle der Thora Moses« (II Chr 25 4) bezeichnet, das das sogenannte »Urdeutero-
nomium« als »Rolle der Thora Jahwes« (II Chr 34 14) enthält. Gott hat Gebote,
Ordnungen und Satzungen Mose geboten (Neh 1 7) oder durch Mose geboten
(Neh 8 14; vgl. II Chr 35 6). Mose gebot Jahwes Wort (I Chr 15 15). Die Thora hat
normativen Charakter: »wie geschrieben steht in der Thora Moses, des Gottes-
mannes« (Esr 3 2 u. ö.). Wenn auch der Begriff fragwürdig ist, so könnte man mit
W. Feilchenfeldt (»Die Entpersönlichung Moses in der Bibel und ihre Bedeutung«,
ZAW 64 [1952], 156–178) von einer »Entpersönlichung« Moses sprechen. Zur Kritik
siehe E. Osswald, Das Bild des Mose, o. J. (1962), 334.

überlegene Charismatiker (Ex 14 13 f. J), andererseits schrie er in der Bedrängnis zu Jahwe (Ex 14 15 L/N) oder machte in der Not ungeheuer-
liche Vorwürfe (Num 11 11 f. J). Affekte sind ihm nicht fremd (Ex 32 19 E).
Die Legende betont sein Solidaritätsgefühl und seinen Gerechtigkeitssinn
(Ex 2 11 ff. J 2 15bβ-22 J L/N), er selbst seine Schuldlosigkeit (Num 16 15 J).
Mose ist der große Fürbitter (vgl. Jer 15 1), der auch als der Schuldlose
bereit ist, mit seinem Volk zu sterben (Ex 32 32 E). Sein Wesen trägt in
der Überlieferung komplementäre Züge, die im ganzen einen individu-
ellen Eindruck machen. Wieweit dieser der historischen Person entspricht,
ist nicht mehr auszumachen.

Verkehrt wäre es, Mose losgelöst aus dem Spannungsfeld Gott–Volk
sehen zu wollen. In L/N glaubte ihm das Volk, daß ihm »Jahwe, der
Gott ihrer Väter« erschienen sei, weil er sozusagen als Zauberer Mirakel
vollbrachte (Ex 4 1-9. 30b. 31a). In J wird Mose sowohl durch das Meerwunder als auch durch die Sinaitheophanie legitimiert (Ex 14 31b 19 9).
In der jahwistischen Berufungsgeschichte wird Mose eine prophetische
Aufgabe zuteil. Er selbst wird jedoch in dieser Quellenschicht nie Prophet
genannt, vielleicht deswegen nicht, weil der Prophet oft Widersacher
des Königs war.

G. von Rad schreibt: »Was war nun Mose bei J? Er war nicht Wundertäter, nicht Religionsstifter noch Feldherr, sondern er war der inspi-
rierte Hirte, dessen sich Jahwe bediente, um seinen Willen den Menschen
bekanntzumachen[17].« In der elohistischen Berufungserzählung beauftragt
Gott Mose mit dem Exodus, dessen Ziel der Kult auf dem Gottesberg
bei Kadesch ist. In dieser Quellenschicht wird Mose Prophet genannt,
obgleich der Auftrag über den eines Propheten hinausgeht (Num 11 25
12 7 f. Dtn 34 10). Mose ist Mittler der verpflichtenden Worte Jahwes
(Ex 24 3-8). Durch den Gottesstab, dessen sich Jahwe selbst bedient hatte
(Ex 7 17), verfügte er im Auftrag Gottes über überirdische Gewalt
(Ex 4 17. 20b 17 9).

Bei der Frage, ob Mose Religionsstifter war, kommt es weitgehend
darauf an, was man darunter versteht[18]. In der Berufungserzählung wird
er passiv und rezeptiv, ja sogar widerstrebend gezeichnet. Er rief ver-

---

[17] Theologie des Alten Testaments, I 1958², 290. Nur in den von J überlieferten
Vorwürfen Dathans und Abirams (Num 16 12-14) ist Mose Führer des Exodus und
Eisodus.

[18] B. Balscheit, Alter und Aufkommen des Monotheismus in der israelitischen Religion,
1937, 32 ff., betont stark die Persönlichkeit des Religionsstifters Mose. Siehe auch
H. J. Schoeps, Die großen Religionsstifter und ihr Leben, 1954³, 31 ff.; G. Men-
sching, Leben und Legende der Religionsstifter, 1955, 21 ff. I. Engnell, Gamla Testamentet, I 1945, 115, hebt das persönliche Erleben Moses hervor, der den Hochgott
Jahwe-El als deus otiosus erfuhr und ihn zu einem tätigen Gott machte; anders
N. Söderblom, Das Werden des Gottesglaubens, 1962², 279. Zur Kontroverse

mutlich zum Exodus, machte die Bedrängnis und die Errettung am Meer
mit, er war (nach Jerusalemer Tradition) alleiniger Empfänger der $b^e r \hat{\imath} t$
(Ex 34 27; »und mit Israel« ist Zusatz), aber auch ihr Mittler. Schwer
interpretierbar ist beim Abfall und Unglauben des Volkes die göttliche
Verheißung an Mose: »Dich will ich zu einem (großen) Volk machen«
(Ex 32 10 Num 14 12). Steht dahinter das levitische Geschlecht Muschi
(Num 3 33 26 58)?

Moses oft angefochtene, aber nie verlorengegangene Autorität beruht darauf, daß er durch das Meerwunder am Anfang seiner öffent-
lichen Wirksamkeit als »Knecht Jahwes« legitimiert worden war
(Ex 14 31b; vgl. Ex 19 9)[19]. Man kann Mose als Religionsstifter bezeichnen,
da durch ihn das Volk *Jahwes* entstanden ist. Religionsstifter (und Volksgründer) war er aber nur als Werkzeug Gottes. Außerdem war er charismatischer Führer. Im übrigen sind beide Begriffe inadäquat, wie im AT
selbst schon die Begriffe »Prophet« und »Priester« nicht ausreichen[20].
Wahrscheinlich betont das Dtn einen wesentlichen Zug, wenn es Mose
als den großen Lehrer und Prediger vorstellt. Auch die Begriffe Gesetzgeber und Volksgründer sind nicht verfehlt, insofern als in einer gewissen Analogie zur Regel des Jonadab ben Rekab (vgl. Jer 35) die durch
Mose vermittelten »Worte Jahwes« gemeinschaftsbildend und erhaltend
waren. Bedeutsam ist, daß in Ex 32 26 Mose selbst Exponent der Ausschließlichkeit Jahwes ist.

M. Noth sieht in Mose »die große Klammer«, »die ... Pentateuch-
themen zusammenschließt«[21]. Historisch sei allein die Grabstätte Moses
»am Wege der landnehmenden Israeliten«[22]. Sollte dies zutreffen, so
wäre es wichtig zu wissen, was von dem Toten in der damaligen Zeit
erzählt wurde, der wahrscheinlich ins südliche Ostjordanland kam, als
dort schon Israeliten ansässig waren. Die beste Voraussetzung zum Eindringen in die betreffenden »Themen« – falls diese isoliert bestanden

---

zwischen K. Koch, Der Tod des Religionsstifters, KuD 8 (1962), 100–123, und
F. Baumgärtel, Der Tod des Religionsstifters, KuD 9 (1963), 223–233, siehe H.
Schmid, Judaica 21 (1965), 198–200.

[19] Sollte Mose mit M. Noth nur in einem »Thema« eine partielle Bedeutung gehabt
haben und dann in andere »Themen« eingewandert sein, so ist ein derartiger Prozeß
vom Anfang seiner Wirksamkeit her wohl leichter als vom unbekannten Grab her
zu verstehen. Siehe F. Schnutenhaus, Die Entstehung der Mosetraditionen, Diss.
Heidelberg, 1958 (Masch.).

[20] So W. Eichrodt, Theologie des Alten Testaments, I 1962[7], 190 ff.; C. J. Labuschagne,
The Incomparability of Yahweh in the Old Testament, 1966, 132 f., bezeichnet
Mose als Propheten, Mittler und Interpreten. Maßgebend wäre sein »personal
experience of the Person und Nature of Yahweh« gewesen (132).

[21] ÜPent 177. M. E. hätte das Volk in seiner jeweiligen Situation (Auszug, Wüstenwanderung usw.) stärker zusammengeschlossen als Mose.

[22] ÜPent 190.

hätten – wäre gewesen, daß der Tote mit dem ägyptischen Namen zusammen mit anderen aus Ägypten, dem »Sklavenhaus«, gekommen wäre. Diese Sage wäre aber ohne den entsprechenden historischen Hintergrund nicht gut denkbar. Hinzu kommt, daß die Grabstätte über kurz oder lang vergessen wurde. Bekannt waren und weitergebildet wurden die Geschichten von den Erlebnissen des Volkes Jahwes und ihres Repräsentanten. Es ist m. E. auf Grund des Überlieferungsbefundes unmöglich, »die geschichtlichen Taten des Mose« als eine Art »roter Faden«[23] zu verstehen, wenn dieser Mann nicht tatsächlich die Errettung am Meer erlebt und den sinaitischen Jahwekult am Gottesberg bei Kadesch und im Lande Moab durchgesetzt hätte.

---

[23] Anders M. Noth, ÜPent, 177. Spricht nicht die Unvergleichbarkeit Moses (siehe R. Smend, Das Mosebild ... 1959, 48) für seine Historizität, die ihm die alten Quellen zuschrieben?

BEIHEFTE ZUR ZEITSCHRIFT
FÜR DIE ALTTESTAMENTLICHE WISSENSCHAFT

Herausgegeben von GEORG FOHRER

Lieferungsmöglichkeiten und Preise der früheren Hefte auf Anfrage

VERLAG ALFRED TÖPELMANN · BERLIN 30

THEOLOGISCHE BIBLIOTHEK TÖPELMANN

Herausgegeben von K. ALAND, K. G. KUHN, C. H. RATSCHOW und E. SCHLINK

Nachgelassene Reden und Aufsätze. Von J. SCHNIEWIND. Mit einem Vorwort von G. HEINZELMANN herausgegeben von E. KÄHLER. VI, 207 Seiten. 1952. DM 16,— (Heft 1)

Die Gestalt Simsons bei Luther. Eine Studie zur Bibelauslegung. Von R. HERRMANN. 30 Seiten. 1952. DM 3,80 (Heft 2)

Sakrament nach Luther. Von E. ROTH. 38 Seiten. 1952. DM 4,50 (Heft 3)

Natürliches und gepredigtes Gesetz bei Luther. Eine Studie zur Frage nach der Einheit der Gesetzesauffassung Luthers mit besonderer Berücksichtigung seiner Auseinandersetzung mit den Antinomern. Von M. SCHLOEMANN. VII, 137 Seiten. 1961. DM 16,— (Heft 4)

Über den Glaubenswechsel in der Geschichte des Christentums. Von K. ALAND. 147 Seiten. 1961. DM 12,— (Heft 5)

Die Botschaft des Thomas-Evangeliums. Von E. HAENCHEN. 76 Seiten. 1961. DM 7,80 (Heft 6)

Das Heil des Menschen und sein Traum vom Geist. Ferdinand Ebner, ein Denker in der Kategorie der Begegnung. Von TH. SCHLEIERMACHER. XII, 189 Seiten. 1962. DM 24,— (Heft 7)

Schleiermachers Christliche Sittenlehre im Zusammenhang seines philosophisch-theologischen Systems. Von H. J. BIRKNER. 159 Seiten. 1964. DM 22,— (Heft 8)

Die philosophischen Wurzeln der Theologie Albrecht Ritschls. Ein Beitrag zum Problem des Verständnisses von Theologie und Philosophie im 19. Jahrhundert. Von P. WRZECIONKO. 264 Seiten. 1964. Ganzleinen DM 36,— (Heft 9)

Luthers Konzilsidee in ihrer historischen Bedingtheit und ihrem reformatorischen Neuansatz. Von CH. TECKLENBURG JOHNS. 214 Seiten. 1966. Ganzleinen DM 28,— (Heft 10)

Der Begriff der Freiheit im Neuen Testament. Von K. NIEDERWIMMER. VIII, 240 Seiten. 1966. Ganzleinen DM 48,— (Heft 11)

Gott existiert. Eine dogmatische Studie. Von C.-H. RATSCHOW. 2. Auflage. IV, 87 Seiten. 1968. DM 12,— (Heft 12)

Das Evangelium und der Zwang der Wohlstandskultur. Von W. TRILLHAAS. VIII, 82 Seiten. 1966. DM 12,— (Heft 13)

Thesen und Thesenanschlag Luthers. Geschehen und Bedeutung. Von H. BORNKAMM. VIII, 70 Seiten. 1967. DM 6,80 (Heft 14)

Religion und Christentum in der Theologie Rudolf Ottos. Von H. W. SCHÜTTE. Etwa 176 Seiten. 1968. Etwa DM 24,—. Im Druck (Heft 15)

VERLAG ALFRED TÖPELMANN · BERLIN 30

ARBEITEN ZUR KIRCHENGESCHICHTE

Begründet von Karl Holl † und Hans Lietzmann †
herausgegeben von Kurt Aland, Walther Eltester und Hanns Rückert. Groß-Oktav.

Eine Auswahl lieferbarer Bände

WALTER DE GRUYTER & CO · BERLIN 30